独角兽文库

雷军的创客逻辑

陈玉新 编著

中国致公出版社
China Zhigong Press

图书在版编目（CIP）数据

雷军的创客逻辑 / 陈玉新编著. -- 北京 : 中国致公出版社, 2020（2023.4重印）
ISBN 978-7-5145-1437-7

Ⅰ. ①雷… Ⅱ. ①陈… Ⅲ. ①雷军—生平事迹②移动通信—电子工业—工业企业管理—研究—中国 Ⅳ. ①K825.38②F426.63

中国版本图书馆CIP数据核字（2019）第180961号

雷军的创客逻辑 / 陈玉新 编著

出　　版　中国致公出版社
　　　　　（北京市朝阳区八里庄西里 100 号住邦 2000 大厦 1 号楼西区 21 层）
发　　行　中国致公出版社（010-66121708）
责任编辑　王福振
策划编辑　陈亚明
封面设计　金　帆
印　　刷　艺通印刷（天津）有限公司
版　　次　2020 年 4 月第 1 版
印　　次　2023 年 4 月第 2 次印刷
开　　本　710mm × 1000mm　1/16
印　　张　14.5
字　　数　230 千字
书　　号　ISBN 978-7-5145-1437-7
定　　价　48.00 元

“雷布斯”是怎么叫起来的?

很多现在的年轻人在认识雷军之前，首先认识的是小米。小米的成功让许多人认识到了这个隐藏在小米科技背后的男人，短短三年时间，带领小米创造了从 0到100亿的巨变，这种疯狂的成长速度，是一个奇迹，而且是一个即使站在风口也不一定能够完成的奇迹，而真正的奇迹是雷军竟然完成了。

苹果教父乔布斯是一个传奇，许多人将创造了奇迹的雷军比作“中国的乔布斯”，小米也被认为是最接近“苹果”气质的产品，这就是“雷布斯”的由来。但雷军并不喜欢外界给他的这一称谓，他曾称乔布斯是“美国的民族英雄”，他也的确表达过自己对于乔布斯的崇拜之情，但这并不代表他希望自己成为“第二个乔布斯”，对此雷军的回应是：“雷军有雷军的精彩。”

雷军有雷军的精彩，这也印证了雷军这些年来的创业历程，无论是金山时代，还是作为天使投资人时期，或者是执掌小米科技期间，雷军的每一段经历都可以称得上精彩。

早在进入金山之前，雷军便已经展现出了自己卓越的才能。依靠BITLOK加密软件赚得了第一桶金，开创了属于自己的病毒防治软件“免疫90”，开发了 RI 内存清理工具。这些壮举都是雷军在上学期间完成的，可以说在还没有步入社会之前，雷军便已经证明了自己的能力，正因为对于计算机软件的狂热，雷军才获得了进入金山的机会。

与求伯君的相识令雷军终生难忘，这个让雷军第一次认识到“天外有天”的人，将雷军带入了金山，而正是在金山的16年时间，让雷军完成了自我的蜕变，随着年纪的增长，财富的增长，技术水平和商业经验也在不断地增长。可以说，在这16年之中，金山培育了雷军，而正当金山发展到巅峰时期时，雷军却选择了离开，雷军走了一步在当时谁都看不懂的棋。

令人意外的是，2011年手握小米科技的雷军又重新回到了金山，一时间外界谣言四起，雷军这一走一来，让人们都看懵了。面对舆论，雷军并没有过多的解释，因为他知道自己重回金山是为了挽救金山的危局。雷军就是雷军，没有了金山的雷军依然是雷军，而没有了雷军的金山，却失去了昔日的光芒。

当时，通过出售卓越网，雷军获得了一定的资本，他很快便完成了个人角色的转变，变成了一位天使投资人。他希望通过自己的投资帮助创业者找到正确的道路。雷军是一个“不正经”的天使投资人，他有许多独创的投资理论，之所以说是独创，是因为没有几个投资人会这样去做。在“不熟不投”等理论的指导下，雷军投资了许多初创企业，并且和许多创业者缔结了深厚的友谊。渐渐地，人们发现，雷军的棋路似乎清晰了许多，之前谁也看不懂的棋步，也变得容易理解了。

雷军真正的精彩来自他的小米，小米手机让雷军的名字传遍了世界。“饥饿营销”“小米模式”，雷军又开始了自己的创造，他一直都是一个颠覆者，只不过是到了小米时代，才被人们认识而已。正是雷军的小米时代，让更多的人记住了这个极具创新精神的人物。

雷军很复杂，复杂在他丰富多彩的创业经历；雷军很简单，简单在他完全信任创业者的投资行为。很少能有企业家像雷军一样拥有如此庞大的“朋友圈”，他的朋友遍布市场中的各个行业、各个领域，外界更是用“雷军系”来形容雷军的这种人际关系网络。通过天使投资，雷军认识了许多创业者。正是在雷军的帮助下，这些创业者才度过了创业的艰难期，也正是因为这种关系，他们都和雷军缔结了深厚的友谊。

雷军很早之前就已经开始了在人工智能领域的布局，经历了几年的疯狂之后，小米的发展逐渐进入了稳定期。一下子降低了发展速度，导致很多人都对小米的未来产生了质疑，毕竟从现在的市场来看，小米的确受到了不小的冲击，雷军再一次成为舆论的焦点。

这一次雷军的战略布局能够拯救小米吗？雷军的"朋友圈"将会在其中起到什么作用？雷军还能继续带领小米延续曾经的奇迹吗？本书将带领读者走进雷军的人生，在回顾雷军创业经历的同时，会为读者一一解开围绕在雷军和他的企业之间的种种谜团。读者在这本书中将会发现一个更加全面的"创客"雷军，发现一条属于中国青年的从工程师到CEO的互联网成功道路。而在本书的结尾，我们更将为读者带来雷军自己关于小米未来的展望。

C O N T E N T S 目录

第一章

从金山到小米，雷军缔造的创客传奇

从疯狂程序员到天使投资人

说起这几年科技界最大的黑马，毫无疑问便是小米。2010年，小米刚一出世，便以火箭般的速度迅速登顶中国智能手机销量榜。这些年来，小米不断创造辉煌已成为国产智能手机界的中流砥柱。而小米的创始人就是雷军，人送雅号“雷布斯”。

雷军，出生于1969年，小米科技创始人、董事长兼首席执行官。同时，雷军也是金山软件公司的董事长，除此之外，他还有一个世人熟知的身份——著名天使投资人。然而，让很多人没有想到的是，如今这位举足轻重的天使投资人曾经是位疯狂程序员。

1987年，雷军以优异的成绩考入武汉大学计算机系，从此与计算机结下了缘分。与其他科技巨头不一样的是，雷军选择学习计算机，并不是因为那时的他有多热爱计算机，只是因为他的某位少时好友选择了这个专业。可以说，好友的选择深深影响了雷军，也成就了雷军这一路的艰辛与璀璨。

大学时，雷军学习勤奋异常，对自己要求亦十分严格。他仅仅花了两年时间就修完了所有学分，甚至完成了大学的毕业设计。在这个过程中，他对计算机的兴趣越来越浓厚，更深深爱上了编程。与此同时，他在编程上所展现的天分也让身边的同学望尘莫及。他牛刀小试，编写而成的程序让老师大呼惊艳，后来甚至被学校编入大一年级教材之中。

还在大学期间的他，便开始组建团队，研发出了大受欢迎的商业软件BITLOK，还创办了属于自己的小公司。虽然第一次创业以失败告终，但这次经历丰富了雷军的青春，亦让他收获良多。

雷军是一个极其难得的程序员，他的难得，不在于技术上的天赋，而在于全身心的热爱。他不仅把编程视为技术，更视为艺术。他深深体会到了编程的美妙，深深了解到了编程最本质的核心。每天坐在电脑面前的时候，是雷军一天中最幸福的时光。编写程序的过程，对于他来说，就相当于亲手创建属于自己的王国。

从武汉大学毕业后，雷军被分到了研究所。虽然第一份工作给他带来了稳定的生活、不菲的薪资，却没有让雷军就此定下心来。不久后，因着一个契机，他认识了金山的求伯君。求伯君是一位天才程序员，对软件行业有着崇高的追求，无论是在技术上，还是在情感上，都堪称雷军的知音。两人相谈甚欢，雷军很快便同意了求伯君的邀约，辞去工作，以程序员的身份加盟金山。那是在1992年。

进入金山后，雷军很快便当上了多个地区的主管经理，到了1998年更是成为金山的总经理。两年后，金山实行了股份制改革，雷军接下了总裁的重担。

随后，金山几起几落，经历了无数风雨，才慢慢发展成了一家员工众多、实力雄厚的国际化大公司。雷军带领着大家八年间五次冲击IPO，2007年金山终于成功上市。那一年，雷军决定卸任金山CEO。细细算来，雷军已经为金山整整服务了16年。这16年间，他日日想着怎样为金山付出，一工作起来便很拼命，被人戏称为“中关村劳模”。一句“我的青春，我的金山”道尽了雷军离去前的复杂心事。

离开金山后，雷军突然闲了下来，过起了“退休老干部”的生活。

习惯了繁忙生活节奏的雷军显然有点不适应。整整半年间，没有一个行业会议邀请他参加，没有一家媒体联系他，世界好像都静止了。回想那段时间，雷军说："我似乎被整个世界遗忘了，冷酷而现实。人情冷暖忽然间也明澈如镜。那个阶段，我一无所有，除了钱。"

卓越网被卖掉，金山上市，这些使得雷军积累了一笔相当庞大的资本。雷军没有清闲太久，他注定是一个享不了清福的人。他摇身一变，做起了天使投资人，仅仅用了三年的时间，便一跃成为中国最成功的天使投资人之一。

所谓的天使投资人，它是一种概念，所有有闲钱又愿意做主业外投资的公司或者个人都可以被称为天使投资人。天使投资人最重要的能力是什么？无非是看大势，找风口。依照雷军的理念，做任何事情都不要盲干、苦干，做之前不妨先想清楚。什么样的方向才对？什么样的时间点才对？什么是正确的事情？五年后是什么情况？五年后的中国市场，应该会产生哪些决定性的力量？五年后的大山在哪里？山上的石头又在哪里？雷军潜心思索着，良久，他终于确定了未来的风口——互联网和电子商务。

确立好方向后，下一步，他得锁定合适的"石头"，找有飞翔潜力的"小猪"。那段时间，雷军"开始拎着一麻袋现金看谁在做移动互联网，第一名不干找第二名，第二名不干找第三名"。有一次雷军看准了一家公司，便直接过去拜访公司的负责人，问对方自己能不能投资200万元。对方考虑了一下，点头同意了。雷军又问200万元能换多少股份，对方说16%。这家公司就是后来的乐讯。

在这之后的三年，雷军一口气投资了17家公司，包括凡客、乐淘、拉卡拉、UC、多玩网、可牛等，范围涵盖移动互联网、电子商务和社交三大领域。易凯资本董事长王冉感慨说："全中国都是雷军的试验田。"

从疯狂程序员到天使投资人，雷军已经走过了小半辈子的时间。岁月给予他的，是越来越精准独到的眼光，越来越豁达成熟的心胸。漫漫人生路，当初那个激情飞扬、踌躇满志的天才少年已经不复存在，取而代之的是一位真正睿智的管理者和投资人。雷军时常提醒创业者，只要把握住大的时机，把握住每一次关键的节点，便会轻松获得成功。

王者雷军：金山、小米与雷军

著名主持人杨澜曾采访雷军，期间，雷军表态说：“这个时代需要我们顺势而为，只要风口的风足够大，猪也会飞起来。”这句话迅速红遍了网络，某段时间里，人人竞相谈论着“风口”与“飞猪”。

雷军一向推崇顺势而为的姿态，而在风口上飞翔便是这种姿态最好的体现。想要做到顺势而为，就必须对未来的发展方向有所了解。如果找错了方向，你的努力与较劲只能导致你在窄路上越走越远。逆势而行的人，是在钻牛角尖，最终会落得一个元气大伤、被时代抛弃的结局。顺势而为的人却有可能在时代的风云中走出一条灿烂辉煌的道路。

对于创业者来说，雷军所强调的顺势而为思想为他们打开一条新思路。雷军是互联网行业的“活化石”，经过这么多年的打拼，俨然成为王者。

早些年的PC时代，他率领金山勇敢挑战微软和盗版的夹击，他创办了中国最早的电商网站卓越网，他通过网游将金山成功运作上市，这一路走来，他战绩辉煌，功名赫赫。

2007年，从金山CEO的位置上退下来后，表面上，雷军闲了三年，低调了三年。直到有一天，人们的生活被凡客诚品、YY、拉卡拉、UC、欢聚时代、乐淘、知乎等包围，人们才慢慢发现，这些热门公司的背后站着同一个男人——雷军。从程序员到管理者，再到投资人，雷军身份多变，潜力无穷。

雷军是一个天才，大三的时候靠着过硬的技术，白手起家成了百万富翁，如今坐拥三家上市公司和一家市值接近3000亿元的科技公司，个人身价超过570亿元，号称互联网界的“珠穆朗玛峰”，在业界叱咤风云，是当之无愧的王者。

谈起王者雷军，金山、小米、雷军系这三个词永远也绕不过去，下面就让我们来逐一盘点，看看这三个词究竟与雷军有着怎样的缘分。

1992年，雷军加盟金山，成为金山第6名员工。两年后，雷军成为北京金山的总经理。1998年，雷军升任金山软件公司总经理，那一年，他刚刚29岁，正是风华正茂、激情飞扬的时候。在总经理的位置上，雷军一待就是10年。直到2007年，金山成功上市后，雷军怅然卸任，结束了这16年的奋斗岁月。

2007年，与金山同在香港上市的，还有马云的阿里巴巴。相比于阿里巴巴15亿美元的市值，金山6.261亿港币的市值显得寒酸不堪。雷军的心在滴血，他曾带领全体员工8年5次冲击IPO，这才使得金山成功上市。整整16年，5840天的奋斗，换来的成绩却根本安慰不了人心。

让雷军纠结的是：“为什么有人付出100%的努力只能换回20%的增长？反之，有人付出20%的努力，却能获得100%的回报？”他不停地问自己：“金山软件有中国最优秀的一批工程师，大家都很团结，执行力也非常强。但为何最后上市依靠的反而是网游业务？”

雷军出道很早，在“江湖”中颇有地位。中关村里有的是佩服雷军的后起之秀，周鸿祎就拿雷军当偶像看待。金山上市后的成绩却真正引起了雷军的警觉，他开始意识到，自己真的做得不怎么样。他环顾四周，到处是崛起的赫赫有名的互联网大佬的“小字辈”，比如说丁磊，比如说陈天桥，比如说李彦宏。

他想了很久，终于得出一个结论，金山错过了互联网的热潮，没来得及站在难得的风口上，这才被远远甩在了身后。雷军对自己说：“这些就像是在盐碱地里种草，为什么不在台风口放风筝呢？站在台风口，猪都能飞上天。”他开始明白，光靠勤奋努力，取得不了多大的成功，而“在对的时候做对的事情，比用对的人、把事情做对重要”。

后来，雷军创建的小米，就好比是一只翱翔在大风口的“肥猪”。雷军一直梦想着像乔布斯一样创办一家世界一流的企业，后来，他将这个梦想寄托在了小米的身上。2009年，40岁的雷军决定重新创业，他决定运用互联网思维来做手机。2010年4月6日，小米科技正式成立。同年8月，MIUI首个内测版问世。之后，小米创下了一系列辉煌的成绩，令人目不暇接。

2012年小米出货量为719万台，销售额达到了126亿元。2013年，小米出货量为1870万台，仅仅一年时间，销售额便增长到了316亿元。奇迹发生在2014年，那一年小米出货量为6112万台，销售额较前一年增长了227%，达到了“恐怖”的743亿元。2014年，小米手机占据了12.5%的市场份额，小米一举打败苹果、华为、联想、三星，成为中国最大的智能手机厂商。2014年末，小米获得第6轮11亿美元融资，公司估值达到450亿美元。

雷军总是说：“我只要一认命，一顺势，就风生水起，原来不认命的时候老干逆天而为的事情，那就叫轴。”如今，雷军俨然成为互联网业内王者之一，小米这个品牌更是如雷贯耳，整个“雷军系”亦是环环相扣，层层递进，形成了庞大的产业链。雷军说，什么时候坚持，什么时候放弃，需要的不仅是破釜沉舟的勇气，更需要顺势而为的智慧。

个性雷军：个性平和但暗藏霸气

2015年4月，小米新品小米4i在印度引起了一股旋风，吸引了大量当地“米粉”的关注。这是小米的首次境外发布会，一万多名印度人争抢着小米新德里发布会的1600张门票，场面十分火爆。小米科技创始人、董事长兼首席执行官雷军在发布会现场大飙英文，观众欢呼不已，这可以说是本次发布会的最大亮点。

不久，雷军现场英文演讲的视频传回了中国，在互联网圈内大火特火。人人竞相传看这段视频，为“独特”的雷氏英语津津乐道。视频中，雷军镇定自若地登上舞台，向印度“米粉”们热情问好道：“How are you? ”这可谓是中国人最为熟悉的英文打招呼方式了。雷军的英文用词与发音虽然不那么规范、标准，态度却是落落大方，潇洒极了，现场观众亦很给面子，欢呼声、掌声经久不息。

这个世界上有四种人，第一种人有本事没脾气，第二种人有本事有脾气，第三种人没本事没脾气，第四种人没本事有脾气。可以想见的是，这四种人都会有着属于自己的人生际遇。但在商场上，向来讲究的是天时地利人和。雷军无疑是属于第一种人，本事极大，却又个性平和，从不轻易发脾气。他骨子里的霸气、决断力深深埋藏在平缓温和的外表之下，他是一个极能控制自己情绪的人。也是一个能够掌控自我人生之路的人。

小米创业路上曾经遇见过一位贵人——于英涛，他的出现让小米的道路顺畅了很多。2011年，时任中国联通销售部总经理的于英涛被派任浙江，为浙江联通掌舵领航。在于英涛调任前夜，小米与联通的第一款米1合约机正式公布，那是在2011年的12月21日。而联通合约机公布的前一天，小米公司的第二轮融资刚刚完成，估值10亿美元，融资9000万美元。

于英涛选择与小米合作，是冒了很大的风险的。那时候，米1在普通人中名不见经传不说，在行业内还颇受争议。而于英涛却顶住了压力，毅然选择将合作的机会留给了这家新兴创业公司。实际上，在于英涛的职业生涯中，他一直以眼光独到著称。当年，联通与iPhone、中兴V880的合作都是于英涛主导促成的。

据说，于英涛确认与小米合作之前，也曾与魅族的黄章谈过，但谈话并不顺利。熟悉内情的人说，黄章态度太过傲慢，说话行事都拿着“范”，让于英涛很是看不惯。而雷军却不一样，雷军在江湖上成名已久，待人接物却平和有礼，不卑不亢，气度非同凡响。更让于英涛欣赏的是雷军身上从未消失的那种拼劲闯劲。小米经过两轮融资，雷军及其旗下的顺为拿出了三亿多的真金白银，一股脑砸入了市场。于英涛知道，创业路上少了这种有破釜沉舟勇气的人，干不成大事。雷军看似温和，骨子里却暗藏霸气，不是个甘于平庸的人。

在于英涛调任浙江联通前夜，他最终敲定了联通合约机与小米手机米1的合作。之后，联通公司向小米的账户汇入了三亿元的货款。米1的合作愉快而又顺利，不久便迎来了米2与联通的合作。小米最终成为联通合约机项目中售后服务最好的厂商之一，而米2也成了联通定制机的旗舰机型。

2013年，小米第一次推出TD机型红米，并靠着这款新产品与移动顺利牵手。第一批红米在QQ空间首发，数量为10万台，让人意想不到的是，这10万台红米引来了700多万人的预约抢购。而那之后，小米几次创下销售奇迹。

眼见着小米走得顺风顺水，魅族不淡定了。也许黄章也曾反思过，为什么当初自己竟然错失了那个机会。要知道魅族曾主动请求与联通合作，魅族MX2也曾成为联通定制机的旗舰机型，但最终没有达成合作。试想，如果当初魅族抓住了那个机会，在一开始便促成了魅族与联通的合作，也许就没有小米什么事儿了。

魅族之后套用了小米的发展路线，将合作的意愿转向了中国移动。然而，在关键时刻，黄章仍然没有忍住自己的坏脾气，他不仅搞砸了与移动运营商的合作，且在事败之后一边炮轰中国移动是“恶势力”，一边讥讽小米“无下限”。

小米走到现在，虽然顺利，也曾几度创下辉煌，但从不乏质疑的声音。对此，雷军总是淡然处之，平和应对。很多人都说，小米之所以能够取得今天的成绩，与雷军的个性分不开。他太淡定了，不骄不躁，却又永远斗志昂扬，对未知的一切兴致勃勃。雷军是业界少有的脾气温和的人，当年金山与瑞星明争暗斗，掐得死去活来，结下了不少“梁子”，后来，瑞星的副总裁毛一丁离开瑞星，回家承包了农场，彼时的雷军也已经离开金山，他亲自登门拜访，邀请毛一丁出山担任YY公司的副总裁。

雷军的从容与大度让毛一丁感动又欣赏，他愉快地接受了雷军的邀请，去了雷军担任董事长的YY公司。那时候，YY正面临上市。

对于市面上任何一家品牌公司来说，创始人的性格决定了企业品牌的走向。可以说，企业品牌是创始人个人品牌的延伸。雷军与小米便验证了这个说法。雷军外表平和暗藏霸气的个性贯穿于他的整个职业生涯中，从金山时期，再到天使投资人时期，并最终在小米的崛起之路上得到了淋漓尽致的体现。

第二章

不愿意去清华的少年学霸

放弃清华选择武大的少年天才

1969年12月16日，雷军出生于湖北仙桃的一个教师家庭。湖北仙桃位于江汉平原中部排湖北岸的沔阳县，那儿虽偏，却是好山好水，自然风光秀美，民风亦很淳朴。这片土地之所以被称为“仙桃”，是因为这儿春风十里，桃林绵延，每逢桃花盛开，便是一片殷红灿烂，美丽极了。在雷军的童年记忆里，那里充满了阳光和雨露，鸟语和花香，日日过得都很开心。

雷军从小就是个聪明孩子，动手能力特别强。他喜欢发明一些稀奇古怪的东西。有一次，母亲工作繁忙，很晚才有空去给家人准备晚餐。看着黑暗中摸索着点火做饭的母亲，雷军皱着眉头想着什么，良久，突然灵机一动道：“我为什么不去做一盏照明灯来帮母亲照明呢？嗯，这盏灯最好可以移动……”

雷军当下便开动起了脑筋，第二天便动手实施起来。他买来两节干电池、一只灯泡，把它们依次安装在自制的小木匣里，小心翼翼地接上电线，轻而易举地做成了一盏可移动的照明灯。虽然这盏灯稍显粗糙，却很方便，为母亲解决了不少麻烦。母亲看到他这项了不起的小发明，不由得心花怒放。

那以后，雷军每天晚上都提着这只简易小电灯跟在母亲身后，一边帮母亲照明，一边凝神注视着母亲在灶台间转来转去，心里充满了甜蜜。邻居们看到小雷军如此乖巧懂事，又聪明无比，都对他喜欢得不得了。好多人都夸雷军说，这小子将来一定能够成为一位大发明家。

当然，雷军没有真的成为一名发明家，但他在发明创造上确实很有天赋。随着岁月的推移，雷军的那股聪明劲儿一直延续了下去，且越来越突出夺目。

九岁那年，小雷军随着家人迁居到了县城，他成了建设街小学的一名转学生。无论是转学前还是转学后，雷军的成绩一直保持着优秀。小雷军好学勤奋的态度令人赞叹不已，学校为了表扬他，给他戴上了代表着“三好学生”荣誉的鲜艳耀眼的大红花。而小雷军那张戴着红花喜笑颜开的照片被母亲收藏了很久，母亲每每翻出来端详细看之时，嘴角总是洋溢着幸福的微笑。

1984年，雷军以优异的成绩考上了沔阳中学（即如今的仙桃中学）。沔阳中学是当地最好的高中，几乎每年都会向全国的高校输送近千名的学子，学习氛围浓厚不说，师资力量也很雄厚。学业上，雷军丝毫没有放松，一直处于年级前几名的位置；在课下，他也很懂得去培养各方面的兴趣爱好。那时候，他尤其喜欢下围棋，下棋之时雷军必是全神贯注，那种奔腾厮杀、运筹帷幄的感觉让他迷恋不已。

那时候的雷军也爱好文学，尤其是古典诗词，总是背了又背，牢记在心。雷军很感激在仙桃中学的那几年时光，他过得充实、快乐，心里渐渐有了自己的抱负和目标。他曾回忆说：“我们仙桃中学还是很厉害的。六个班的学生中，有17个人考上了清华和北大。我高二的同桌考上了北大，高三的同桌考上了清华。”

凭着雷军的成绩，去清华或者北大，问题都不大。然而，他却成了武汉大学的一名大学生。有人说，雷军当年的高考成绩出来后让众人咋舌不已，因为他的成绩远远超过了清华、北大的录取线，他之所以去了武汉大学，是因为一个朋友的原因（对于这个原因，雷军自己也提到过）。又有人说，雷军当年报考的就是清华大学，在那之后也是拿着清华大学的录取通知书去武汉大学的。除了这两种说法外，还有很多有关雷军与武大的渊源的解释，但无论怎样，事实是，雷军最后以优异的高考成绩，去了武汉大学。

从小到大，雷军都保持着高度的自律，只要一进入学习状态，他都会专心到极点，绝不为外界诱惑分心。课堂上，他认真听讲，勤做笔记，积极思索，下课了，也一直保持着自学的习惯。一旦心中有困惑，要不查阅资料，要不请教他人，非要将这困惑与疑虑琢磨得水落石出不可。

刚刚进入大学的雷军，也不过18岁，然而，他这种努力进取的劲头，却叫很多资深的成年人也自愧弗如。为了节省时间，他放弃了午休；为了让学习更有效率，他制作出了一份完整的学习计划表，将时间规划得清清楚楚。纵使雷军天生聪明，甚至被人称为天才，他也没有丝毫懈怠过，只因为，他知道大学这段时光对于年轻人来说是多么重要。正如雷军曾说："在我的印象里，像闻一多等很多的名人都是在大学成名的，我当时也想利用大学里的机会证明我的优秀。"

古往今来，太多名人在大学里期间便做出了很多成就。对雷军来说，他想不出理由去荒废这段珍贵的岁月。

报考计算机专业的文艺青年

说雷军是个文艺青年，是很贴切的。他喜欢文学，喜欢古诗词，心思细腻，讲究情怀，不活脱脱是一个文艺青年的写照吗？但同时也有人说，雷军虽然有着文艺青年的那些情怀，骨子里却还是位实干家。但这是很多年后的事了，很多年前，那个清秀的少年，还未经历过诡谲残酷的商场，还未开始那一波三折而又屡创辉煌的事业，他对未来有着热切的想象和期盼，那时候的他，是当之无愧的文艺青年。

1987年，雷军进入武汉大学计算机系就读。值得一提的是，武汉大学是国内最早建立计算机科学院系的高校之一，早在1978年，便开设了计算机这个专业。

据说，曾经有人疑惑不解地问雷军，既然高考成绩足够优秀，为何放着清华大学不念，而选择了武汉大学呢？面对这个问题，雷军这样回答说："我的一个好朋友上的是中科大计算机系，武大的计算机系很不错，选这个专业正好让我和好朋友有共同语言。"

人们傻眼了，就为了这个理由便放弃了清华大学，难道不是太可惜了吗？雷军却微微一笑，不以为然地转移了话题。很久以前，雷军曾用过苹果的老式电脑，他和电脑早已经结下了深厚的缘分，虽然那时候他并未意识到。后来，他当真为了朋友选择了报考武汉大学的计算机系，正式开始了与计算机的缘分之旅。

入学不久，雷军非但没有后悔自己的选择，反而对当初那个选择欣慰不已。他发现，计算机专业简直比想象中还要适合自己。电脑在雷军心目中的地位越来越高，他越来越能够体会到计算机的好处和妙处。学完一学期后，雷军便完全沉溺在电脑程序的世界中，不可自拔。

相较于今天来说，那时候的条件十分简陋，武汉大学整个计算机系的电脑加起来不超过15台。电脑少，学生多，上手操作的机会对每个学生来说就愈发珍贵起来。雷军并不怎么为此烦恼，他自有秘诀。雷军回忆起这个细节时，笑着说："我解决上机问题的秘诀就是'泡'，每天都在机房里磨蹭。运气好的时候，能够碰到空机器；有人不懂问我问题的时候，我也可以借着指导的机会用一会；运气不好的时候，我就在旁边凑热闹。"

靠着这些方法，雷军获得了不少“实战”的机会。但有时候，也难免会吃“闭门羹”。有些管理员性格较真，太讲究原则，每每察觉出雷军想要“泡”机的念头，便是一顿呵斥，死活不让他进机房。有时候，管理员看到雷军赖在机房里不出去，总是会拉下脸来将雷军轰出门外。尽管如此，雷军的脸皮却越练越厚，乐此不疲地寻找着一切机会去软磨硬泡，只求能够操作计算机。

后来，情况不同了。雷军在编程上很有天赋，有些老师甚至会让雷军帮着做题，大方地将机房的钥匙留给他，方便他上机操作。有一次，他甚至同时拥有了三个老师的机房钥匙，这让雷军止不住地高兴，毕竟终于不用再死乞白赖地“泡”机了。

对很多人来说，计算机编程无比地困难。对于雷军来说，他却可以像写诗一样写程序。在他看来，相比于人脑的复杂，电脑要简单得多。只要写好程序，便可以指挥电脑做自己想做的事情。每当别人坐在电脑面前，目不转睛地敲着键盘，费尽心思地编写着程序的时候，雷军好比在自己的王国里巡视、驰骋，过着这好比是天堂般的日子。“电脑里的世界很大，编程是活在自己想象的王国里。你可以想象到电脑里细微到每一个字节、每一个比特的东西。”雷军如是说。

在他的回忆里，自己在编程上下的功夫比其他同学多得多，又颇有天赋，他早期编写的Pascal程序便让老师们啧啧称叹。等到他上大二的时候，Pascal程序还被编进大一教材。说起雷军的天分，还有一件事给予了有力的佐证。武汉大学计算机系建系20年来，拿过“汇编语言程序设计”课程满分成绩的仅有两个学生，雷军便是其中之一。

后来，雷军真的走上了程序员的道路，他成了中国IT行业里最早也是最优秀的程序员之一。记得当初他选择计算机这个行业的时候，太多人说他仓促草率，可是回过头来看，雷军做的这个选择却可以称作是他一生中最重要的决定之一。他的天分，他性格中的韧性，他的果断勇敢，都为他日后的辉煌与成功做出了合理的解释。

愚笨的人总是与机遇擦肩而过，聪慧的人却总能够将机遇牢牢握在掌心。对于另一些人来说，还能够自己去创造机遇。像雷军这样的人绝不会让时机白白流失，一旦他清楚地认识到时机降临到了自己的身上，一定会不顾一切地抓住它，直到这一个个难得的机遇变成生命中的翅膀，载着自己于汹涌的风口中一飞冲天。到了一定的阶段后，他又会自己去创造时机，惠及自己，亦惠及众人。

大学生涯中的第一堂课让雷军记忆犹新。一位留学多年的老教授意味深长地说："上大学的目的，是为了学会如何去学习，上研究生的目的，是为了学会如何去工作。如果明白了这两条，就永远不会存在专业不对口的问题。很多DOS（键盘操作系统）方面厉害的程序员为什么没有转到Windows平台上？除了惯性思维，还可能是在学习的突破性方向上存在没有解决的问题。"

老教授的这番话让雷军醍醐灌顶，并深深刻在他心中。整个大学生涯中，他不敢有一丝一毫的懈怠，尽管天赋卓然，他还是最勤奋的那几个学生之一。进入武汉大学的第一个晚上，他便自觉地去上了晚自习，之后，他更是不愿意放弃任何一点时间，一心扑到了学习上。在他心里，时机稍纵即逝，可遇不可求，一旦落后，便容易陷入逆境中。想要让自己立于不败之地，就必须努力，全力以赴，扎扎实实地积累自己的实力。

雷军与计算机，是天生有缘分的。可若不是这么努力，不是这么坚韧，他绝不可能在这条路上走得这么长远，也不会走出自己的这一片天空来。可见，对于任何人任何事情来说，光有天赋是不够的，一分耕耘一分收获，不在机遇来临前做好准备，便驾驭不住这机遇。与此同时，在行路的过程中时刻不忘为梦想努力的人，注定会收获不凡的一生。

科技时代的创业者都是学霸

科技创新的时代，创业者往往都是各领域的顶尖人才，通俗一点，就是我们现在讲的“学霸”。

比如我们熟知的百度公司的创始人李彦宏，当年就是以高分考入北大之后又留学美国的计算机领域学霸。因为对于计算机领域最尖端技术的掌握，他能够更好地了解行业的动态，能够更深入地分析出自己所掌握的技术与商业结合的可能，进而最早把握住商机。

当然，也有些人可能并不是所在领域的尖端人才，比如阿里巴巴的马云，在创立阿里巴巴的时候他基本上就是个电脑盲。然而，在其所学习的英语领域，他却是一个不折不扣的学霸。当年马云三次高考才勉强考上一个专科学校，学习成绩并不好，但对于他主修的英语专业，其学习成绩却是老师和同学们有目共睹的。

学霸代表着一种学习的能力，他们有能力获取和吸收新的知识，因而在创新时代，他们能够比普通人更快地掌握创新和市场的动态，比普通人更快地做出反应。这一点，在雷军身上也展现得淋漓尽致。

雷军在武大读书时，校长是著名教育家刘道玉先生，刘校长非常开明地在武大推行了学分制，让学生自由安排学习进度，只要能够学会，考试成绩能够过关，学校甚至可以给学生提前毕业的机会。武大的这一举措，让很多学生都为之振奋，这当中就包括了刚刚入校的雷军。

不过，雷军振奋的原因并不是可以提前毕业，而是学校这一举措是在用行动表示对学生自主学习的支持，提倡学生最大限度地挖掘自己的学习潜能，这让天性就勤奋且喜欢挑战自我的雷军找到了表现自我的机会。

雷军认为，想要学习好，首先要明白为什么而学习。因此，刚一入校的雷军就在脑子里埋下了两个问题：大学的意义是什么？如何度过自己的大学生活才不算是虚度？

雷军上大学那个时代，大学生还是由国家分配工作的，很多人都认为上大学就是为了能够找个好单位，雷军却不这么认为，他迫切需要一个不一样的答案。在长时间思考之后，雷军得到了答案：上大学是为了培养自己的学习能力、思考能力，积累和掌握知识。一个人如果掌握了学习的方法，积累了大量的知识，那么即便拿不到毕业证，分配不着好的工作也无所谓，因为此时他必定已经是一个难得的人才了，而只要是人才，就不怕没有用武之地。

雷军做出了一个让很多人都震惊的决定，他决定要用两年的时间修完自己的全部课程，然后用剩余的两年来学习其他知识和进行社会实践。

制定目标容易，但做起来往往很困难，这是很多人共有的问题，也正因为如此，最终实现目标、获得成功的人才寥寥无几。但雷军不一样，他有与常人不一样的学习热情和坚持精神，目标一旦制定他就没有打算半途而废。

据说，为了能够在课上听得更清楚，雷军每天早早就去教室占座，以便坐到教室的最前面。而在课余时间，他也将全部的精力都放在学习上，总是要等到寝室熄灯的时候才回去睡觉。同样的一门功课，雷军要用多于同学几倍的时间去学习，为此他还改掉了睡午觉的习惯，即便是周末，他也总是坚持白天自修、晚上自习的时间安排。

长时间的学习，保证了雷军能够掌握功课的内容，能够将课本上的知识烂熟于心。而与此同时，科学的学习方法则为雷军解决了选课上面的冲突。

因为要在两年的时间学习四年的课程，所以在选择上就不可避免地会发生冲突。为了解决冲突的问题，雷军创造性地总结出了一套方法：重点课程听二分之一，非重点课程听四分之一，而非专业基础类课程，则尽量不去听，如果去也只在开课和考试报到两次，只要保证能够通过考试就可以了。

这样有选择地进行课程安排，保证了雷军的学习节奏和时间。因此，到了大二毕业的时候，他不但按计划读完了四年的课程，还完成了毕业设计。而在此期间，他还多次获得学校的奖学金和荣誉称号。就这样，冠以学霸称号的雷军完成了自己大学的学业，而接下来的两年时间，他便可以潇洒地走向社会，去完成自己的社会实践了。

社会上有很多人，总是将学霸与高分低能画等号，似乎学习好的人其他方面必然很差。但雷军这样的学霸创业者的经历告诉我们，一个能够在学业上取得过人成就的人，也能够在其他领域获得过人的成就。因为，学霸本身就是一种能力的体现，这种能力体现在对新知识的吸收和掌握上，也体现在对自我意志的控制上，一个有如此强大能力的人，我们又有什么理由怀疑他们创业的能力会不如那些连功课都应付不了的人呢?

未来的社会，会是一个创新主导的社会，对新科技和新技术的掌握能力高低，决定着谁将成为未来的主宰，而这一点上，学霸无疑是遥遥领先的。因此说，科技时代成功的创业者，学霸必然是占大多数的。

不过，事情也不能一概而论，学霸的学习能力强是一方面，但这种能力会不会转化为事业上的成功，还需要实践的检验。而雷军这个武汉大学的学霸，当他第一次踏入社会的时候，等待他的又会是怎样的一番经历呢?

被一本书点亮梦想的编程狂人

1987年，雷军成为武汉大学计算机系的一名普通学生。在紧张的学习生涯中，有一天，他在武汉大学的图书馆里读到了一本书，叫作

《硅谷之火》，正是这本书，点亮了他的梦想。

《硅谷之火》第一版发行于1984年，主要讲述了苹果、微软、太阳微系统、网景等科技公司在创业之初，创业者带领着追随者们“开垦荒土”，创造辉煌，艰辛守业的历程。书中，有创业者对技术革新的追求，对失败的蔑视，对成功的渴望；书中，有令人神往的创业故事，有振奋人心的竞争精神，这一切都让雷军醉心不已。

20世纪80年代，那正是计算机科技从企业向个人市场普及的阶段，那里蕴含着大量的机遇，美国的计算机从业者先行一步，获得了极大的成功。他们激励了全世界的计算机从业者、爱好者，投身于各自的创业中，这当然也包括了中国的计算机人才。

此时的雷军虽然还只是一个大一新生，连计算机的原理还没有搞清楚，但也因为这本书受到了极大的鼓舞。

此后的很长一段时间，雷军仍然着迷于《硅谷之火》。他不厌其烦地阅读着这本书，直到对乔布斯和其他的硅谷英雄们跌宕起伏的创业故事烂熟于心。可以说，这本书彻底点燃了雷军的激情和梦想。在那激动人心的文字中，年轻的雷军想象着书中所描绘的那神奇的PC时代，内心似乎有一团火焰在燃烧。

他围着学校操场一圈圈走着，许久过后，激动的心情才稍稍平复下来。这本书给他带来的震撼和思考让他多年后仍然记忆犹新。那时候，年轻的他不停问自己：“我的人生如何才能与众不同？我们中国人能不能创办一家伟大而又令世人瞩目的公司呢？”

雷军暗暗握了握拳头，似乎在那一瞬间明白了关于人生的最高追求和奋斗目标。那时候，他18岁，那个选择和念头改变了他一生的轨迹。

雷军心里就此埋藏下了一个火热的梦想，他一定要去创下一番大事业。大一的时候，他用一整年的努力，让自己变成了全年级第一。到了大二，雷军的眼界愈发开阔起来，他明白了一个道理，自己除了要积累书本上的知识，还得积累生活中的经验，这就少不了社会实践。雷军便将目光瞄准了武汉街道口。

雷军是幸运的，因为当时的武汉正兴起经济建设风潮，而街道口则是武汉市重点建设的地区之一，效仿的是北京中关村。

当时，提起买电脑，买软件，武汉人一定会去街道口。街道口这个名字始于清代，武汉大学的牌坊就设立在街道口。1986年，“学海淀经验，建武汉硅谷，北有中关村，南有广埠屯”的思想在武汉盛行。因为政府的支持，街道口到广埠屯涌现了大批的店面，专门做电脑、软件的生意，除此之外，还有打印的、维修电脑的，上千家IT公司和电脑配件商生意极其火爆。在这里，雷军找到了实践的天地，也是在这里，雷军开始了他人生的第一次创业。

在此后的创业中，雷军品尝过成功，也经历了失败，但他始终没有忘记被《硅谷之火》点燃起的梦想。

几乎人人都有梦想，但相对于那些实现梦想的人，更多的人则是前赴后继地败给了现实，输得一败涂地，最终丢掉了梦想。

值得一提的是，那些最终实现了梦想的人，他们不是没有经历过失败，而是因为心中对于成功的渴望远远高于常人，他们能够接受失败，能够在失败中仍然不放弃梦想。雷军是那么地渴望成功，那么地渴望有朝一日能够实现那些遥远庞大而又绚丽的梦想，这促使了他只身来到街道口，促使了他主动去和那些世故的生意人打交道，促使了他寻找合作伙伴，开始了第一次创业……

以当时还是“天之骄子”的大学生来说，是完全没有必要做这些的，但雷军做了，就是因为他渴望实现梦想。雷军说：“我是一个成就驱动型的人，这样的人，他能够忍受各种痛苦，对成功时刻充满激情。”被内心的那股渴望驱赶着的人，会对自己偶尔懈怠与逃避自责不已，他必定不能容许这种情况发生。追求梦想的旅途一定是艰苦而孤独的，如果没有做好心理准备，如果没有下定决心，如果没有破釜沉舟孤注一掷的勇气，如果没有攀山蹚河永不停歇的韧性，干脆不要将梦想置于口中夸夸其谈。

梦想不是纸上谈兵，更不是空中楼阁，想要实现梦想，你得一点点去积累实力，积累经验。你得迈开脚步，大力向前走去，哪怕山高路远，哪怕荆棘遍布。在实现梦想的过程中，雷军不是没有遇到过失败，他曾在大学期间几次创业，却又几次失败。但这些都没有打倒雷军，反而让他变得越来越成熟，越来越坚强。

第三章

创业路上的第一次尝试

蹭电脑学技术，“武汉中关村”的名人

“我们该如何来描绘新的一天黎明时分的美丽景色呢？”

“我们今天正处于这样一个时代：充满幻想的人们发现他们获得了曾经梦寐以求的力量，并且可以利用这个力量来改造我们的世界。这是个转折的时代，跨国公司迷失了方向，小企业家却举起了计算机革命的大旗，成了开拓未来的先锋。在这个时代里，计算机奇才的脸上露出了胜利的微笑，胸怀大志者得到了应有的回报，你可以感觉到时代前进的步伐。计算机业余爱好者成了富有理想的人，而富有理想的人则成了亿万富翁。这是一场真正的革命，它促使人们变得伟大，变得富有而充满理想，自豪而富于爱心，努力实现前人从未达到的目标，乘风破浪去夺取这场计算机革命的胜利。”

这段话截取于《硅谷之火》的前言，雷军每每读到，都会激动不已。他总在想，如果有一天他能够创造出一家像苹果一样伟大的公司，如果有一天他能够亲手写就一套能够运行在全世界的电脑上的软件，如果他能够变成像乔布斯一样的创业者，给迷茫的年轻人带来积极正面的影响，那么，他这一生，就是有意义的。

雷军说，在一开始，他只是想做一些与众不同的事情，后来这些事情逐渐明确为理想。“一个人能够消费的财富是有限的，唯有理想才是保持后劲和激情的动力。缺乏方向的生活会让人觉得很郁闷，而理想不但让人充实，也会使人在奋斗过程中不受欲望的干扰，在众多的诱惑面前不至于迷失方向。”是的，梦想的美好就在于，它会变成人生道路上的一盏明灯，虽在漫天的迷雾里时明时暗，却在人们的头顶上，散发出一抹温暖明亮的光，指引着人们向前迈进。

有梦的人向来都知道该向着何处奔走、努力，在烈日的炙烤下，在满地荆棘面前，也许也曾有过片刻的迟疑，却又能够及时地从畏缩与懈怠的情绪中醒悟过来，重整行囊，重新踏上了艰辛却又充实的寻梦之旅。

那个年代，电脑还属于稀罕物，对于普通的大学生而言，是个根本消费不起的奢侈品。雷军家境普通，上大学后，他根本没有多余的资金去购买一台属于自己的电脑，唯一能够接触到电脑的机会是学校的机房。

老师们对这个聪明好学的天才少年很是照应，很愿意给他“蹭”电脑的机会。但机房里的电脑实在是太少了，哪怕雷军削尖了脑袋想往里钻，一个礼拜也只能“蹭”上两个小时的电脑。

不久，雷军转换了阵地，他开始晃荡在武汉电子一条街，“蹭”起了这条街上的电脑。雷军和各家IT公司、各家店铺的老板们打着交道，人们对这个年轻人也越来越熟悉。渐渐地，大家都见识到了雷军在计算机方面的天分，一遇到技术上的困难，便会去请教雷军。尽管没有什么报酬，雷军却来者不拒乐此不疲。靠着这些机会，他可以肆无忌惮地去接触电脑。他一有空闲时间就会骑着一辆破自行车跑到电子一条街，还总是将一个沉甸甸的破包背在身上，很是引人注目。关于为什么要骑那么破的自行车，雷军解释说，那时候当地的偷车贼让人防不胜防。但没有一个偷车贼看得上自己那辆看起来快要散架的破自行车，如此一来，倒是省了不少麻烦。

至于为什么总是背着那沉甸甸的破包，雷军哈哈一笑，解释说：“对于一个高手来说，所有常用软件必须自备，至少需要20张软盘。编译工具里没有编程接口资料，也没有电子版的图书，只好常备几本很厚的编程资料。那时的书质量不高，内容也不全，还常常有很多错误，至少需要三本对照着看。背着三本很厚很沉的书跑来跑去，肯定不是一件舒服的事情。”

纵使不舒服，雷军还是照背不误。破包里的资料可都是他的宝贝。逛武汉电子一条街的时候，这些宝贝他随时都要用。有时候别人向他请教问题，请他帮自己修理电脑，他若是拿不定主意，还可以随时翻出这些资料来做参考。有时候，他说不定还能遇上一些电脑高手，两人为一个问题争论得面红耳赤难以决断的时候，他包里的宝贝就能派上用场了。

就这样，雷军成了电子一条街上的熟面孔，他在“武汉中关村”的名气也渐渐大了起来。提起雷军这个名字，绝大多数人的眼前都会浮现出一张稍显稚嫩、却又热情友善的面孔。雷军也很愿意和电子一条街上的老板们打交道，毕竟这种历练对自己大有裨益。何况，请他帮忙的人不仅会管饭，而且随着请他帮忙的次数越来越多，也开始给予他一些报酬。在这条街上，他“混”得游刃有余，“玩”得很开心。

研发 BITLOK，雷军的第一桶金来得很容易

雷军人生中的“第一桶金”，得益于与王全国的合作。这个与他一样毕业于武汉大学，后来成为金山副总裁的兄弟，年长他四岁，也是个相当厉害的角色。当雷军还在学校求学的时候，王全国已经成了武汉电

子一条街上举足轻重的人物。

他们相识于1989年的广埠屯，王全国回忆起自己与雷军相识的过程时说：“在1989年前后，并没有软件流通的正规体系，没有互联网，所以大家就一起交流各自手里的软件，那时候我是那儿各种软件的集散地，我手里的软件是最多的。雷军也特别喜欢软件，我们就经常交换，自然而然就认识了，并且特别熟。我记得我们是1989年的二、三月认识的，然后在一起沟通特别多，七月我们就一起合作开始写软件了。当时感觉这个同学特别活跃，也特别好学。”

1989年7月，王全国接了一个工作，内容是编写加密软件的界面，他立马想起雷军以前曾经写过一个加密软件的内核，对这方面很是熟悉，便思忖着能不能找雷军合作。

那时候雷军不过是一个大二学生，他在软件编写方面一直有着明确的抱负，渴望着能写出一个让人惊叹的软件。随着实践越来越多，经验越来越丰富，他逐渐意识到，想要在国内做软件，一定要掌握好两项最关键的技术，一个是中文处理，一个是加密。

之所以说中文处理重要，是因为中国软件在开发的过程中，中文一直是一条横亘在技术发展过程中的、轻易不能跨越的大河。如果不能解决中文带来的障碍，中国的计算机用户很难同步享受到世界上最新最先进的软件成果。如果不能克服这个困难，中国软件产业必然会停滞在某一阶段，迟迟无法进步。但同时，中文处理也在一定程度上保护了中国的软件产业，毕竟对于外国的程序员来说，中文实在是太难了，连理解都困难，攻克更是无稽之谈。

但令人担忧的是，国内市场上盗版肆虐，如果没有加密技术予以保证，产品的销售便会遇上困难。试想，哪家经销商会冒着风险去销售一款不加密的软件呢？软件想要卖钱，必须防止被拷贝。那时候软件都是通过磁盘的方式发行的，想要进行加密，也得通过磁盘。

基于以上种种原因，雷军脑海里蹦出一个想法，他想事先编写一款加密工具，这样编写软件的时候会方便得多。他花了一些时间，将这款加密工具写出了一个大致的雏形。王全国也知道这件事，因此，一接到与加密软件有关的工作，便想到了雷军。两人组成了“黄玫瑰小组”，展开了亲密无间的合作后，雷军当初编写的那款加密工具被重新进行了深加工，一经面世，便广受欢迎。

雷军和王全国二人在计算机方面都有着很高的天分，他们的性格却很是不同。大概因为王全国年长几岁，整个人看起来稳重一些，做起事来也较为深思熟虑，写软件的时候，为了避免出错，他宁愿放慢速度，也要保证质量。王全国无论做什么工作，习惯先研究一下，摸清了门道后，看看有没有捷径可走，再下手去做。

雷军正好与之相反，他脑子里总是充斥着各种各样的灵感，习惯于先动手将之一一付诸实践，再去修正某些错误的想法。他写软件的时候总是直奔主题，速度惊人。在雷军看来，王全国太过小心翼翼，有点浪费时间；在王全国看来，雷军不够谨慎小心，做事有点毛躁。尽管如此，经过一段时间的磨合后，双方都尊重起对方的工作方式和态度来。

实际上，这两种工作方式都有着各自的缺点和优点，但组合在一起，竟成了绝妙的互补。只有这样，双方才能互相督促，互相进步。正因这种优势互补，这对“黄玫瑰”组合很好地发挥出了“一加一大于二”的效果，只花了短短两周的时间，这款加密软件便完成了。它便是后来引起很大反响的Bitlok0.99。

王全国所在的公司给他发了50元的加班费，他便将这50元钱尽数给了雷军。在他心里，若不是雷军的加入，Bitlok0.99不可能这么快便被研发出来。雷军对王全国也颇为仰慕与感激，两人之间的那种惺惺相惜之情，温暖着双方的心，并一直延续了很多年。这50元，数目虽小，意义却大。

Bitlok0.99问世后，由于雷军和王全国两人都没有成立自己的公司，依照规矩无法在软件上署公司的名字。那时候电影《神秘的黄玫瑰》正在放映，两人都很喜欢这部浪漫的电影，便商议用“黄玫瑰小组”来署名。雷军还兴致勃勃地说：“以后我们在自己的作品里面，经常用‘馈人玫瑰之手，历久犹有余香’这句话作为标准签名档。”

Bitlok0.99掀起了轰动，尤其在加密软件领域内，备受赞赏。当时国内的加密软件，原本只有几款，Bitlok0.99诞生后，迅速挤到了前列，很受用户们的喜爱。也许是树大招风，Bitlok0.99流行开来后，引来了很多解密高手的“挑战”，都声称Bitlok0.99根本没那么难解。暗地里更是有不少高手展开了“行动”，绞尽脑汁地破解着Bitlok0.99的加密程序。

雷军自是不甘示弱，他傲然接受了高手们的挑战，针对Bitlok0.99的加密程序前前后后做了20多种算法。眼瞧着一场不见硝烟的技术对决在双方之间展开，很多业内人士都看起了热闹。

雷军没有想到，这场角逐却带来了极大的好处。外界那些程序高手们的风凉话反而激起了他的热血，他死也不肯认输，拼命较着劲，终于促成了Bitlok0.99的进一步的完善与升级。这下子，对手也被深深折服了，雷军最终赢得了这场技术、耐力与胆识上的较量。

让雷军和王全国喜出望外的是，升级之后的Bitlok0.99卖得非常火爆，甚至得到了当时十分著名的用友、金山等软件公司的青睐。靠着火爆的销量，雷军和王全国挣到了第一桶金，数额高达上百万。雷军轻而易举地赚到了人生中的第一桶金，开心之余，他对未来的想象更加瑰丽起来，他对梦想的渴望也愈发热烈起来。

跑输汉卡，雷军第一次创业失败

雷军曾说："一本书、一个人改变了我一辈子，这使得我上大学一年级的时候，就想建一家世界一流的公司。"这本书便是前文中反复提到的《硅谷之火》，而这个人是雷军年轻时候的偶像——乔布斯。

当他顺利赚到自己人生中的第一桶金的时候，雷军基本确定了自己在技术上的实力，而《硅谷之火》为他的人生带来了新的方向，那就是创业。最初，他的梦想很宏伟，他想创办一家世界级的公司。然而，无论多么宏伟的梦想，如果不从第一步开始踏踏实实地去走，这些梦想也不过是空谈。

雷军踌躇满志，怀揣着梦想进入了大学四年级。他开始了第一次创业，只不过，让他没有预料到的是，他的这次创业，堪称一败涂地。

那一年，王全国的两个朋友突然起了创业的念头，想要找人一起合办公司，那两个人想来想去，将目标锁定在了王全国和雷军的身上。相约见面后，大家就这个主意聊了很久，终于一拍即合，做下了一起创办公司的决定。之后还协商说，几人一起平分股份，王全国的朋友负责市场营销这一块，而雷军和王全国负责技术这一块。定下这些后，他们不由得聊起公司未来的前景，说着说着，大家都很激动。

没多久，这家名为"三色"（Sunsir，红、黄、蓝三色）的公司便正式成立了。关于"三色"这个名字的由来，雷军是这样解释的："其实原因很简单，因为我们的世界就是由红黄蓝三色演变过来的。我们希望红黄蓝三原色创造七彩的新世界，放飞我们创业的梦想。"

然而，谈起这段创业往事的详细细节，雷军却又连连叹气，他说："我当时想，乔布斯、盖茨就是大学创业成功的，我为什么不可以？想到这些，顿时热血沸腾，脑子晕晕的。今天回想起来觉得好奇怪，我们好像根本就没有讨论过开公司谁投钱，开张后做什么，靠什么赚钱等问题。当时真的是‘人有多大胆，地有多大产’。”

几个年轻人凭着一股热血，在资金都没有的情况下便仓促地挤进了创业的大军，显然是不够理智的。他们仅仅聚在一起畅想过成立公司后如火如荼的景象，却从没具体地探讨过公司投资、发展规划、收支及盈利等实际问题。这一切都预示着后来失败的结局。

雷军和王全国都是武汉电子一条街上赫赫有名的人物，公司成立的那天，很多相熟的人都来道贺，有人还竖起了大拇指说，他们这是“书生报国”，一定能创下一番事业。一开始，几人都被这大阵仗迷昏了头，等到热闹散去后，才想到目前尴尬的处境，几个人不由得面面相觑起来。好在他们还年轻，骨子里的那腔热血本就不容易冷却。等到冷静下来后，雷军他们便积极地为公司谋划起出路来。只是他们没想到的是，情况会越来越糟。

三色公司将办公室设在了珞瑜饭店103房间内，整个办公室小得很，实用面积不到20平方米，放了几张桌子和电脑后，便没有多余的地方可供舒展手脚了。在这狭窄的房间里，雷军和伙伴们完成了一轮又一轮的开会、研发、设计制作等所有工作。尽管公司的盈利遥遥无期，他们却拼命咬牙坚持着，坚信着未来一定是光辉灿烂的。因着这种激情，每个人都忙得天昏地暗。

后来，雷军回忆起当时的情景，说：“我经常被他们从武大的晚自习上叫出来开会。我们晚上做开发，白天跑市场，五六个人躺在一间房间里，实在躺不下，就起来干活。”

一段时间后，三色公司迎来了一个重要的人物。那就是毕业于武汉测绘科技大学的李儒雄。此人很有才情，曾获得过“湖北省社会实践活动优秀个人奖”的荣誉。李儒雄上大学的时候虽然学的是测绘专业，却对本专业不感兴趣。他一直有着经商的梦想，早在上大学的时候，李儒雄便展现出了一定的经商天赋。有一年，他趁着武汉测绘大学30年校庆之际，打着学生会的招牌，带着几个同学给别人照相，借此挣了200

多元。

李儒雄等人的加入，壮大了三色公司的队伍，虽然大家的创业热情都很高，还一水的都是青年才俊、业内的精英，但大家毕竟年轻，对于公司，根本没有合理的规划，也找不准合适的盈利点。一开始，他们一味模仿别人的套路，虽然中间误打误撞地赚到了四五千元，除此之外，却并没有多余的盈利。后来，经过一段时间的摸索后，他们模模糊糊地有了一个方向——仿制汉卡。

汉卡是什么？简单来说，它是一种将汉字输入方法及其驱动程序固化为一个只读存储器的扩展卡。在早期，计算机的处理能力是十分有限的，汉字在输入过程中对存储器的访问会过于频繁，为了使计算机的效率得到提升，汉卡便应运而生。汉卡能带来的好处有很多，最大的便是它会使得计算机的内存空间的占用达到最小化，从而提高计算机的运行速度。

汉卡的制作成本很低，所带来的利润却很丰厚。那时候，一套汉卡往往能够卖到几千元，算算它的成本，却不足这个数字的一半。说起汉卡，就不能不提史玉柱。1989年，史玉柱凭借着汉卡赚到了人生的第一桶金，并成为令人艳羡的百万富翁。1992年，史玉柱的巨人公司发展迅速，在很短的时间里，资产便超过了3亿，而这成果与汉卡是分不开的。

雷军等人将史玉柱的成功看在了眼里，心里渐渐活动起来。他们将目标锁定在了汉卡。

有了这样的成功先例，雷军同自己的合作伙伴便坚定了公司接下来的发展方向。确定了方向之后，他们就开始没日没夜地在十几平方米的出租房里，趴在电脑上搞开发。累了的时候他们就会在办公室里躺一会儿，有时候没有地方可以休息，他们就索性站起来活动一下，紧接着坐下来继续干活。

可以说，他们的技术实力都是十分过硬的，他们也是非常自信的。很快他们的汉卡就研发成功并上市了。但是，令他们没有想到的是，他们的汉卡诞生后不久，仿制汉卡的技术就被人盗用了，因为雷军他们的产品本身就是仿制金山汉卡，也就是现在我们所说的“山寨”。所以，当国内出现了比他们更具有规模的山寨产品的时候，当别的公司把同类产品做得量更大、价格更低的时候，三色公司所研发的产品也就失去了竞争力。

这是当初他们谁都没有想到的，他们都只是自信于团队阵容的技术牛人，却没有意识到他们并不是在一个单以技术就能取胜的战场上，在商场，不是只要技术过硬就能够取得最后胜利的。尽管当时他们公司在人最多的时候有14个人，业务范围也非常广泛，但是一个致命问题就是他们的账户里没有钱。尽管他们都是技术上的牛人，但是在产品的销售、推广、知识产权保护、财务管理等方面却是一窍不通的，所以当这些方面的短板出现时，无论他们在技术上占据多大的优势，也不能够弥补这些方面的不足。

三色公司的财务状况举步维艰，别说是公司的正常运营了，就连吃饭也经常会遇到等米下锅的窘迫局面。有一天，他们又没钱吃饭了，公司几个人围坐在一起，面面相觑，有一个人忽然站起来说道，自己打麻将非常地厉害，不如就去找食堂的师傅打麻将，一定能够赢一些饭菜票回来。就这样，这个饿着肚子跑去找食堂师傅打麻将的伙伴还真的没有辜负众望，很快就赢回来一堆饭菜票。这一次之后，每到他们实在没钱吃饭的时候，他们就会派出这个伙伴去食堂找人打麻将。

不仅如此，公司的内部矛盾决定了他们最后不欢而散的结局。雷军回忆时说：“四个人，每人25%的股份，大家都很高兴。没过几天，问题来了，每件事情都需要反复讨论，到后来，甚至改选了两次总经理。”面对这样的管理架构与公司的其他问题，半年以后，三色公司就再也运营不下去了，最后他们决定公司停办。就这样，雷军的第一次创业惨遭失败。

雷军并没有感到后悔，至少，三色公司的失败改变了雷军在青年时期过于简单的创业理念。很多年以后，当他再次提及当年的失败，他不再鼓励大学生创业，他向每一个年轻人告诫道：“我们得考虑中国的国情，我们跟美国的国情真的差别很大，我们大学的教育其实素质和能力教育相对偏弱，这样出来创业的话，成功率是很低的，而且可能我们鼓励学生创业还耽误了他应该有的学业，有点得不偿失。”

雷军说，创业就像跳悬崖，最后只有5%的人能够活下来。我不支持也不鼓励大学生创业，除非你确定自己像盖茨一样优秀，一般的大学生最好不要轻易尝试。毕竟创业对每一个人来说都是很艰难的。在你并不具备社会资源，也没有资金，更不知道运营一个企业需要做哪些工作的时候，仅仅凭借着自己的满腔热血和冲动去创业，其结果就只会被撞得头破血流。

雷军为何会后悔：第一次站在风口却走开了

雷军是个眼界开阔的人，对于未来的风吹草动有着十分敏锐的感觉。对于创业，雷军认为好的机会是十分重要的，这也正是他“风口理论”的来源。除了好的机会，一个优秀的创业者也是创业成功的重要因素，在这里，雷军所说的优秀是要求创业者拥有能力和资源。在雷军看来，只有有了经验和资源的积累，一个人才有能力寻找到下一个风口，对于初出茅庐的创业者来说，想要白手起家，空手套白狼，显然是非常不现实的。

雷军之所以强调经验和资源积累的重要性，其原因来源于他自己曾错失一次机会。由于当时的社会经验和认知能力的局限，使得雷军错过了一次在风口起飞的机会。也正是这一次错过，让雷军认识到了经验的重要性。

1989年，在雷军获得自己的“第一桶金”之后，他发现了一个新的能够赚钱的机会，那就是制作杀毒软件。当时由于学校的机房经常出现感染计算机病毒的问题，雷军便与另一位同学冯志宏开展合作，研发了一款叫作“免疫90”的软件。这一软件相当于一个病毒免疫程序，可以保护计算机免受病毒的干扰，即使是感染上了病毒，也能够轻松地将其清理干净。

当冯志宏提起他与雷军的这次合作时说道：“当时因为计算机病毒开始流行，所以就起了念头要做一个杀毒软件，两个人都有这样的想法，就开始了合作。当时主要是利用寒假的时间进行开发，虽然条件并不好，但我们依然坚持了下来。”他们并不知道自己已经站在了一个新的行业的风口，那时的他们所想的只是制作一个解决问题的软件，而并不是要开创一个解决此类问题的行业。

很快“免疫90”的研发工作便完成了，他们将这一软件拿到市场上以260元一套的价格对外出售。因为杀毒功能全面，受到了许多用户的喜爱，凭借着这一软件，他们每人都赚到了几千元。同时由于老师的推荐，他们的这一软件获得了湖北省大学生科技成果一等奖。雷军也因为这一软件的研发，以及他所写的一些计算机病毒的文章而成为一位小有名气的“反病毒专家”，可以说在中国的反病毒领域之中，雷军已经站到了最前沿的位置。

1990年开始，计算机病毒开始呈现出快速发展的态势，由此国内反病毒市场也开始发展起来，国家有关部门也开始了反病毒软件的研发工作。反病毒市场的大幕正在揭开，但在这时，雷军却退出了。

当时的雷军还在上学，没有过多的时间专注于“免疫90”的后续研发工作，这一反病毒软件并没有大面积推广出去。而当雷军看到了反病毒市场兴起时，他也曾尝试研发过防病毒卡，经过了一段时间的努力，雷军完成了自己的防病毒卡研究。但他发现在当时的市场之中已经出现了同类型的反病毒产品，雷军认为自己已经失去了市场先机，所以就放弃了继续研发这类产品，这也标志着雷军失去了占领早期反病毒市场的机会。

后来，雷军回忆这段经历时曾说："我当时认为不是第一个做出来的就没有市场，时隔这么多年，我才知道别人做出来了，并不意味着自己不能做，我错过了这次机会。"对于这段经历，雷军一直十分后悔，他并不是没有遇到风口，只不过是他自己错过了这次机会。

毕竟当时的雷军还没有从大学毕业，基本没有社会经验和商业经验，所以对于商业市场也存在着了解不足的问题。错失了那次机会，虽然十分可惜，但也正因为如此，雷军开始学会观察市场，了解市场的发展走向，这对于他而言也是一条宝贵的经验。

第四章

结识求伯君，雷军被“拐”进了金山

入行IT，做IT江湖时代的剑客

当年雷军高考的时候，选择了武汉大学计算机系，这一个选择改变了他的人生轨迹。在那个年代，IT界“能人异士”层出不穷，一夜成名的故事每天都在上演。雷军怀揣着火热的梦想，没有丝毫犹豫，一脚踏入了这个颇具浪漫色彩的“玫瑰色江湖”。对于雷军来说，想做一番大事业的梦想是那么迫切而又热烈，而IT江湖正能够让他大展身手，一展所长。和高手过招，方可畅快淋漓，在这个虚拟江湖里，哪怕你是个无名小子，只要有实力，终能出人头地。

如雷军一般的年轻“侠客”们以键盘为武器，以程序、字节、比特为神妙的招式，四处“行侠仗义”，在这个瑰奇的IT江湖中不遗余力地发挥着自己的实力和潜力，努力去实现自己火热的梦想。

在IT世界里，雷军成了一名“武痴”，他疯狂地迷上了程序。他总是第一个走进教室，最后一个离开教室。他废寝忘食地钻研着程序知识，不愿意浪费一分一秒的上课时间，哪怕在课下也会努力琢磨，或翻阅专业书籍，或求教资深专家。为了节约时间，他甚至放弃了从小到大养成的午休习惯。

毕业之后，凭着优异的成绩，雷军被分派去了北京近郊的一个研究所，做起了研究员的工作。如今的雷军，回想起当初的经历，还是会感叹不已。他回忆说，当初拿到人生中的第一份工资的时候，他是十分激动的，他不敢想象，自己的第一份工资竟然比身为政府官员的父亲的工资还要多出好几倍。

研究所里的工作让同龄人十分羡慕，在经历了最初的激动后，雷军却渐渐冷静了下来。他依旧以饱满的热情和精力投入到每一日的工作中，但不知怎的，偶尔的闲暇时间里，心里竟生起了一股淡淡的失落感。

有时候，他翻着那本珍藏多年的《硅谷之火》，内心的焦灼之感越来越强烈。研究所的工作固然稳定，亦很光鲜，更能够为他带来不菲的收入，可是这远远不是自己期望中的“江湖”。还记得1987年18岁的自己，热血澎湃，想要在IT江湖里创下一番大事业，如今的自己，心中的热血却可能开始逐渐沉淀、冷却于这稳定、繁琐的工作中了。

意识到了这一点，雷军心里警觉了起来。他不能让自己的激情陨灭，让自己的梦想落空。他去中关村的次数越来越多，用心感受着那里的氛围，结交着“同道中人”，越来越认定，这才是属于自己的“江湖”。

时机终于来了，在一次计算机展览会上，雷军偶然结识了求伯君。对于此人，雷军仰慕已久，而当求伯君真正站在自己面前的时候，雷军受到了不小的冲击。求伯君好比武侠小说里的“武学大宗师”，对于他这个初出茅庐的后辈来说，身上的那股气场、那股神采和风姿格外有吸引力。

而对于求伯君来说，雷军的优秀、卓越让他在同龄人之中有鹤立鸡群之感。他对于雷军，是格外欣赏的。两人一见如故，相谈甚欢。后来，求伯君热情邀请雷军加盟金山，雷军没有让对方等待太久，稍加思索便给予了肯定的回复。求伯君大喜，雷军就此加盟金山，开始了他的

“江湖行”。

放弃研究所的工作，雷军是有过犹豫的，但这份犹豫相比于心中的渴望与梦想，是那么微不足道。他一头扎进了编程的世界，将这份爱好变成了自己生活中的全部。

哪怕对于雷军这样的天才来说，编写程序也不是一件简单的事情。想要编写出一套精彩的程序，往往需要耗费极大的精力和体力。虽然在这个过程中，思想可以自如游荡、驰骋，直到碰撞出智慧的火花，但是总体来说这相当于一段枯燥至极的修行。编程既简单又复杂，对有的人来说，乏味极了，对有的人来说，却精彩无比。雷军显然属于后者，他找到了久违的激情，并乐此不疲。“喜欢写程序，做程序员就是上天堂；不喜欢写程序，做程序员就是下地狱。”

“程序员需要整天趴在电脑前，经常没日没夜的，非常辛苦，而且工作来不得半点虚假，少写一个标点符号都不行。喜欢的人，日子过得非常开心，每写一行代码，都会有新的成就，尤其当自己的作品被广泛应用的时候，那种自豪感油然而生。不喜欢的人，坐在电脑前极端无聊，被进度压得喘不过气来，天天为找Bug（错误）、改Bug而生气。”

雷军说得没错，“程序猿”就是这样一份貌似极端的工作。一台电脑，一个键盘，便可以组成自己的全部世界。世界上真的有人是将爱好当成了自己生活的全部。雷军享受编程的过程，想象自己是自由的剑客，在IT江湖中来去如风。他喜欢自己挑战自己的感觉。

多年后，雷军对于手下一个程序员称赞有加，说他简直是为编写程序而生。也许他在那个程序员身上，看到了年轻时候的自己。

那么，当年那个单纯喜欢编写程序的“程序猿”，又为何成为称霸商界的大佬了呢？只因梦想遇到了现实。胸有江湖的人自然拥有着深刻的大局观念，雷军注定不会是一个籍籍无名的小剑客，他是个有着更高追求的人。

IT江湖本质上是一个庞大的生意场，它最本质的目的是营利，想要达到这个目的，就要符合大众的口味和需求。雷军编写程序，不是为了取悦自己，最大的满足感还是来自大众的认可和喜爱。如果他没有得到社会的认可，他就不能为公司创造效益，他便注定是一个失败的程序员。

可是想要做出顺应社会需求的软件，雷军便不能用一个程序员的目光去看待这个世界。他开始尝试着从一个程序员的小角色中走出来，将更多的精力放在了公司的管理和市场的需求等方面。雷军有着更崇高的追求，他想要成为将领，而不是小兵，他想要做出一番大事业。

1992年，雷军出任北京金山开发部的经理，他的事业由此开始腾飞，进入到另一个阶段。可以说，此后，他一直没有离开过IT行业。很多年前，那个18岁的少年只是想着去做一些与众不同的事情，可是那些缥缈的想法最终成为他追求的目标，他将它们一一落实到了现实生活中，让这份沉甸甸的理想在现实的土壤中生根、发芽，沐浴着阳光，经历着风雨，直至成长为一棵参天大树。

无论后来怎么成功，雷军身上始终存在着一份剑客的浪漫情怀，他骨子里还是一个理想至上的人。

结识良友，风云人物求伯君

求伯君，究竟是何许人也?

1964年出生的求伯君，毕业于中国人民解放军国防科技大学，素来有“中国第一程序员”的美称。

在认识求伯君本人之前，雷军对这名“高人”有着无尽的想象。原来，在两人正式相识之前，求伯君早已用他亲自编写、设计、研发的

“WPS汉卡”深深折服了雷军。那时候，雷军还是武汉大学的一名学生，他勤奋刻苦，又天资出众，一直被身边的同龄人钦佩、羡慕。雷军也很“实事求是”地认为自己的水平绝对够得上国内一流的程序员。

老实说，当时很多程序员编写的程序很难入得了雷军的眼，直到他领略到了求伯君编写的“WPS汉卡”。那个汉卡界面清晰美观，功能强大，用起来十分方便，而最让雷军出乎意料的是它的打印结果，竟然可以事先模拟显示出来，这可远远超出了国内水平一大截。雷军大吃一惊，心想，这个汉卡的程序绝对是国外的某位顶尖程序员编写出来的，实在是完美至极。

雷军是从一个朋友那见识到了这种“WPS汉卡”，为了印证自己心中的猜想，他拖着朋友不停地追问起来。谁知道朋友的回答却让他更加震惊。原来编写出如此完美程序的人居然是国内的一个程序员，叫作求伯君。让雷军颇有几分怅然的是，这个叫作求伯君的人，比自己大不了几岁。

雷军心里立刻浮现出了一句话：“人外有人，天外有天。”亏他还一直洋洋自得，对自己之前编写的几款作品信心满满，却不知自己的所有作品在“WPS汉卡”面前根本上不了台面。他对“WPS汉卡”和求伯君其人心服口服。那时候是1990年初，雷军想，WPS汉卡简直可以称得上是1990年度国产最佳软件了。

相比于现在来说，那个年代的电脑的存贮和运算能力还属于初级阶段，WPS软件少不了汉卡的支持。可是这种汉卡在当时是十分昂贵的，雷军被“WPS汉卡”倾倒后，很想买一套来仔细研究一番，可是一套的价格就高达2000块钱，对于一个大学生来说，实在是个根本消费不起的奢侈品。

虽然没有钱买，雷军却并没有放弃自己对于WPS软件的渴望。他想了又想，最终决定将WPS解密，然后移植到普通电脑上去使用。他整整忙了两个星期，废寝忘食，一刻不停地琢磨着，尝试着，才终于得偿所愿。他望着解密成功的程序，喜不自禁，没顾得上休息，又开始研究起来。

用了一段时间后，雷军尝试着在汉卡的原有程序上进行了进一步的完善，修改了某些缺陷，又增强了某些功能。后来，经他之手完善过的汉卡，身边的很多朋友都用过，都赞不绝口，评价说比原版用起来更顺手。被雷军解密、完善过的WPS版本逐渐风靡国内，极受人们的欢迎和追捧。因为这件事情，求伯君对于雷军本人，也是欣赏有加，颇感兴趣。

雷军和求伯君第一次见面的时候，是在1991年的11月4日。那时候，雷军受邀参加一个计算机展览会，他因此见到了仰慕已久的WPS之父求伯君。那一天，求伯君穿着一件黑色呢子大衣，举止得体，气场不俗，站在人群中显眼极了。雷军回想起那一幕，笑着说："我看到的是一个很英俊的小伙子，全身名牌。我当时真是有些被震撼了，觉得那就是成功的象征。"

两人握手之后，稍一交谈，彼此都给对方留下了深刻的印象。双方聊得越来越融洽，便交换起名片来。雷军注意到，当他将只印着自己名字和寻呼机号码的名片递给求伯君的时候，对方递给自己的名片上却赫然印着几个大字："香港金山副总裁。"

雷军说，他永远记得这一天。与求伯君的相识，彻底改变了他的人生轨迹。对于求伯君来说，与雷军可谓是一见如故，"一见倾心"。不多久，他便邀请雷军于北大南门的长征饭店一聚。接到求伯君的邀请，雷军有些意外，也有些兴奋。席间，酒酣耳热之际，求伯君直接表达了希望雷军加盟金山的想法。望着雷军惊讶的表情，求伯君笑着说："你不用急着答复我，先回去想一想，明天中午到燕山酒店来找我。"

回去后，雷军躺在床上，翻来覆去，整整想了一夜。研究所的工作稳定而又体面，又是他的第一份工作，他若骤然辞去，多少有点不甘心。但是他同时隐隐感觉到，自己若接受了求伯君的邀请，往后的人生绝对会走向一个截然不同的方向。而这不正是自己所期盼的吗？他还年轻，有的是热血和激情，有的是一往无前的勇气！雷军越想越激动。

第二天中午，雷军果然坐到了求伯君的面前，表达出了自己想要加入金山的意愿。而求伯君也很坦诚，将自己对于软件产业的理解和追求和盘托出。面对求伯君的真诚，雷军最终被彻底打动，他决定加盟金山，就此开始了商海之旅。

此后的20年间，雷军和求伯君之间的关系越来越深，有过并肩作战的时刻，也有过各为其主的时刻，无论站在什么样的立场上，哪怕成了商场上的竞争对手，他们始终是互相欣赏，互相理解，可谓是一对莫逆之交。

抛去其他的原因，促使雷军加盟金山的最核心的理由，也很简单。他说，求伯君因为编写程序在金山获得了成功，作为一个打工者，他居然获得了如此大的成就。而金山既然能够造出一个求伯君，就会造出第二个、第三个。做技术的人才在金山能够获得这么大的尊重和重视，还能够有这么多的发展机会，是十分难得的，基于这样的想法，雷军义无反顾地加盟了金山。

而金山真的不愧是一座“金山”，既能“淘金”，又能历练。对于心里始终埋藏着创业想法的他来说，的确是最优的选择。

北上首都，成为金山的第六个人

雷军加入金山的时候，发现金山的员工只有五个人，而他，是第六个。成为金山的第六个人后，他马不停蹄地坐上了赶赴珠海的汽车。隔着车窗望向外面的世界——曾经热爱不已的北京，雷军的心里涌起了无限的感慨。过去的一幕幕从眼前晃过，未来的诸多设想充溢了整个脑海。这是他关于人生的第一次重大的选择，迎接自己的可能是一个璀璨的前程，也可能是一段失败的旅程。但箭在弦上，不得不发，他已做出了选择，就一定会全力以赴地去实现自己的梦想。

何况，他对自己是那么的自信。

那时候，雷军不知道的是，很快他就会重新回到这个地方，北京。

来到珠海，加入金山后，雷军成为一名勤恳踏实的程序员。他在工作中投入了自己所有的时间和精力，他对自己亲手敲出的一行行代码充满了热情。他没有想那么多，只抱着一个简单而又明确的愿望，那就是一定要做出一款让自己满意，让大家满意，甚至称得上是伟大的作品出来。

在新的城市里工作一段时间后，雷军见到了来这边出差的王全国。老熟人相见，话总是格外多。雷军向王全国滔滔不绝地诉说着加盟金山后的经历和体验，越说越兴奋，最后干脆提议道："要不，你也来金山工作吧！"

王全国是有点犹豫的，却架不住雷军的软磨硬泡，终于答应考虑一下。雷军当机立断道："加盟金山，好处将远远超出我们的想象。第一，金山尊重程序员，它有让程序员成功的传统，未来，他们将在金山取得难以想象的成功；第二，金山财力雄厚，可以支持他们投入到心仪的项目中去；第三，金山的知名度很高，这是所有程序员梦寐以求的平台。"

听了雷军的一番话，王全国心动了，他对金山也升腾起了无限的希望。那一夜，雷军和王全国畅想着璀璨的未来，谈论着各自的理想，彻夜未眠。

最后，王全国加盟了金山。雷军继续游说着以前的同行朋友，不久后，一批专业水平很高的程序员相继加入了金山。这一批新鲜"血液"的注入也让金山焕然一新，绽放出青春的活力和激情。金山人野心勃勃地注视着市场，只待大展身手。

在北京待惯了后，雷军对于珠海这个城市是有些水土不服的。珠海的生活节奏迟缓，安静，生活压力远远比不上北京，漫步在珠海城市的街头，看不见中关村那些神色匆匆的面孔、那些疾驰而过的自行车，雷军很是不习惯。

雷军有点不适应这样的状态。压力越小，他越觉得不自在；节奏越慢，他越觉得情绪低落、消沉。这种安逸的生活消磨了他的斗志，他越来越感觉自己不适合待在这个城市。他想，若是在北京，他就可以将别人的辉煌与成功、各种惊人消息当作是自己的动力，而珠海毫无压力的生活却使得他的工作热情逐步消失，更会吹熄他前进道路上的那盏明灯。

雷军陷入到困境中，似乎什么活都做不出来了。他想，自己得回到北京，才能重拾热情。就算北京拥挤不堪，危机四伏，就算北京竞争激烈，压力大得让人喘不过气来，他也要回去。因为那是一个充满挑战的地方，也是一个充满机遇的地方。他待在珠海，好比一株快要枯萎的植物，急需合适的土壤和空气。

他请示了求伯君，对方听了他的真实想法后，果断点头，同意雷军带着他的授权与支持，回到北京。

1992年8月15日，雷军回到了北京，并一手创建了位于北京的金山开发部，并担任经理。他与求伯君一起策划，制定了北京金山的发展任务：全权负责WPS汉卡的技术支持，同时为未来三到五年时间里金山的产品做规划。

回到北京的雷军就像是重归大海的鱼群，重回天空的雄鹰，做事越来越顺畅，目标也越来越坚定。他开始打磨属于自己的团队，利用之前积累的人脉和资源，雷军很快便得到了很多同行的拥护和支持。还没过多长时间，雷军麾下便聚拢了一支实力强劲的队伍，它由20多名程序员组成，个个都称得上是一等一的高手，这简直是明星级团队的标准。

雷军对于自己亲手组建的这支团队，分外珍惜，分外自豪。他带领着这支团队，一路昂头并进，一路拼搏努力。在专业上“高屋建瓴”；在商场上“披荆斩棘”，克服了一个接一个的困难和障碍。他与队员之间逐渐产生了深厚至极的友谊，而整个团队也变得越来越坚不可摧。

雷军曾骄傲地说，自己这一生中做得最成功的事情之一，便是当初他创建起这个团队后，在他的带领之下，他们一起拼搏，一起攀登，漫长的三年里没有一个人选择离开。这段患难与共的经历让人热血沸腾，让人刻骨铭心。虽然因为各种现实因素，后来很多人离开了这支队伍，但是他们中的很多人提到金山或者是金山的产品，挂在口头上的还是“我们”这个词，这说明那种归属感已经深深地刻印到了团队中每一个人的心里。这一点让雷军分外感动。

担任了北京金山的经理，拥有了自己的团队后，雷军的心态发生了更大的变化。一旦他脱离程序员的身份，蜕变成一个管理者的时候，他考虑的东西会更多，看到的世界也就更大。他废寝忘食地工作着，同时敏锐地观察着市场的变化，带领着团队做出了一个又一个卓越的功绩。两年后，他便被提拔到了金山常务副总裁的职位。

年轻的雷军将一腔心血、一腔热情通通倾注在金山这家公司身上，他每天工作十几个小时，基本上全年无休，拿下了专业上一座又一座“高山”。那些年，金山有一句广告语最切合雷军的心情和经历，“我的青春，我的金山”。对于雷军来说，金山的飞速发展是他整个青春的投影，哪怕他后来离开了金山，这家公司还是在他心里拥有着无可比拟的地位。

坦诚说，他曾一度将金山看作是自己生命中最重要的东西，他甚至愿意为金山赴汤蹈火。后来，雷军将这种精神延续到了自己的创业上，直至创下一个又一个的辉煌。

立志成功，求伯君的今天就是我们的明天

雷军在加入金山的那一刻，就为自己定下了目标，他要成为第二个求伯君。

求伯君是IT界的大神，所有人都知道，他是凭着自己过硬的技术，才带领着金山一步步迈向了成功的。而这个过程，只用了三年。

求伯君的成功经历让雷军激动不已，那时候，他单纯地认为，既然求伯君能够获得成功，他也能，只要追随着求伯君的道路，对方今天的辉煌，就验证着他雷军明天的灿烂。只因，他对自己的技术能力自信异常。而这份能力，早已在一次又一次的实践和挑战中得到了印证。

最初，雷军将求伯君当作前进道路上的一面旗帜，而求伯君本人的气度和实力也担当得起这份钦佩与崇拜。20世纪80年代末期，电脑对于国人们而言，既陌生又奢侈。当DOS精妙、复杂的操作界面出现在人们面前的时候，他们中的大多数人只感到一筹莫展，束手无策。科研工作者们为了实现DOS模式下的汉字输入，纷纷将汉字处理软件的研发当作一个十分重要的目标，废寝忘食、苦心琢磨，盼望能够早日攻克。

高手们纷纷赶赴软件研发的“战场”，耗费了无数的心力，这时候，一个名不见经传的普通程序员却一肩扛起了这份重任，用令人惊艳的WPS1.0一鸣惊人，脱颖而出。一夜间，WPS名动江湖，求伯君这个名字也深入人心。那一年，是1989年，因着WPS1.0的面世，后来的软件人将这一年命名为“中国软件元年”。

求伯君编写WPS1.0的时候，还十分年轻，微软的office还没有进军中国。WPS几乎没有任何宣传，仅仅靠着绝佳的用户体验便获得了2000万的用户，甚至以90%的份额横扫整个汉卡市场，这一个个数字、一份份成绩令人咋舌。很多人都说，求伯君创造出了一个奇迹。

WPS问世之前，当时国内的汉字处理工具基本上只支持打印机，

而WPS却能够支持操作者直接在PC端进行文字处理，这种突破性的改进将整个行业向前推动了一大步。当时的软件编写者、程序高手们无一不将求伯君、将WPS当作横亘在事业道路上的一座大山，无一不以翻过这座大山为荣。雷军也不例外，WPS在他看来几乎相当于神作，在他看来，国内更无另外的人能够达到这样的水准。

求伯君对雷军的影响无疑是巨大的，他将求伯君所取得的成就和荣耀当作自己的奋斗目标，奋起直追。哪怕是后来一起共事，在商场上并肩作战，在思想的碰撞中成为感情深厚、惺惺相惜的朋友，他也没有懈怠，他时不时提醒自己，要继续努力，不忘初心。

他知道，他得做出一番亮眼的成绩，才能够逐渐缩小与求伯君、与行业前辈们的距离。

万事俱备，只欠东风。拥有了团队后的雷军，只需要一套好作品来证明自己。WPS汉卡让求伯君一夜成名，让金山在短短三年内站稳了脚跟，这些成就和荣耀如今还历历在目，只要他雷军也能够编写出一套能够与WPS比肩的作品，迟早会“声动京城”，一鸣天下知。

越是顶尖的技术人员，越有着骄傲的心理。强烈的好胜心往往能够催使人们上进，鞭策人们前行，但是缺点也显而易见。好胜心一旦过了头，就让人失却了那份运筹帷幄、气定神闲的气度，让人们变得急躁起来。在好胜心的驱使下，雷军有点迫不及待，希望用实力在众人面前“露一手”。

若是去研究、观察如今声名显赫的领导者的成功因素、奋斗的轨迹，我们可以发现，他们有很多相同的特质，比如说，领导者大多敢想敢做、雷厉风行，雷军也是如此。他是一个说了就做的人，为了实现自己作为一个技术人员的最高梦想，他和团队成员们开始编写“盘古”。

雷军和伙伴们将这套正在研发的办公软件命名为“盘古”，可见其野心。他想开发出一套能够百世流芳、青史留名的产品，他想做一件开天辟地的大事情。他给自己，给团队的伙伴们定下目标，这套软件必须包括文字处理、电子表格、电子词典、名片管理等一系列的功能，这套作品必须要成为中国软件市场中崭新的领军力量。

雷军对所有的伙伴们说：“求伯君的今天就是我们的明天。”他对未来抱有无数的幻想，无限的期望。而这个激动人心的作战口号也成为每一名伙伴们心里的最高理想。那时候的人，心思单纯质朴，远远没有现在的商业社会的复杂，尤其是搞技术的人，他们的追求往往与金钱、名利无关，手中作品的好坏远远比利益的高低重要。好的作品才能够给他们带来无与伦比的幸福感和愉悦感。

而在那个相对来说比较贫瘠的年代，想要创造出一套开天辟地的软件，可谓是难上加难。但正是骨子里的那种崇高的追求，那种纯粹无比的情怀，那种热血和激情，源源不断地给予了他们力量，他们才能够冒着风雨前行。

在雷军的带领下，整个团队一头扎进了夜以继日的工作中。雷军暗暗为自己打气，他们这一群中国最优秀的程序员，一定能够打造出一款完美无缺的软件，它会成为中国软件人的骄傲，甚至在世界软件史上都能够留下一席之地。

雷军一边带领着团队研发着“盘古”软件，一边不遗余力地推进着WPS和金山其他的办公软件在中国市场上的推广。金山公司在业内如日中天，雷军的名头也越来越响亮。

在那个万物复苏、朝气蓬勃的时代，科技的发展可谓是日新月异，软件行业的革新换代更是一日千里。到处都在上演着奇迹，这其中当然也不乏惨痛的失败。人生的路没有一帆风顺，今天春风得意，明天就可能马失前蹄，你永远也不知道未来有什么在等待着你。但是经过这一次次的锤炼，你最终会练就推倒阻碍你前进的“巨墙”的能力。

雷军没有预料到的是，人生中最大的一场惨败正在前方静静地等待着他。

失败教训，三年研究出的“盘古”交了学费

毫无疑问，雷军是一个十分优秀的程序员。曾经，做一名高级程序员是他的目标，他最希望的是他的技术能够得到别人的承认。可是一场绝无仅有的惨败让他彻底明白，光会做技术是没有用的，哪怕你的作品完美无缺，也不一定会有人欣赏。只有你耗尽心血做出的作品得到了市场的认可，你的心血才没有白费。

对此，雷军曾坦诚地说：“我后来发现无论多么高级的程序员都没用，关键是你是否能够想出有想法的产品，你的劳动是否能被社会承认，能为社会创造财富。”

这样深刻的教训来自“盘古”的惨败。事情得从头说起。

1993年，微软Windows系统的影响力越来越大，覆盖面越来越广。雷军深受冲击，他敏锐地意识到，Windows系统将带来一场席卷业内的风暴，金山的地位岌岌可危。金山内部的人也感到了深深的威胁。的确，虽然Windows系统还未完全撼动金山DOS软件的地位，但这是迟早的事，按照这样的发展势头，哪怕将DOS系统开发到了极致，未来也未必是Windows系统的对手。

1993年，金山基本停止了DOS系统的开发工作。对此，有人评价说：“1993年，金山基本停止了在DOS上的开发，把直到1995年才达到辉煌的DOS中文平台的主战场拱手让了出来。”

在历史发展的进程中，任何一个个人、集体，总会遇到人生的转折点，总有需要做重大抉择的时刻。这时候，哪怕是一个机遇的失去也会带来巨大的影响。所以领导者做决定的时候，往往辗转反侧、谨慎小心，反复权衡利弊，迟迟难以决断，最后抱着破釜沉舟的勇气和决心，才交出了那一个个足以改变行路轨迹的答案。

这些答案中，有的胜了，就此成就了一段辉煌。可总也有失败的时

候，也有误判形势的时候，就此功亏一篑。

照如今的人看来，金山在DOS系统中的抽身显得过早。诚如金山人的预料，DOS的隐退是必然的，但中国广大的用户早已习惯了DOS系统的应用，接受新的事物，也需要一段时间，可以说，1993年，DOS系统在中国远远没有达到顶峰，若是坚守住主战场，它能够发挥出的余热，足以让金山赚得盆满钵满。

但是雷军那时候心心念念的，是要创造出另一套足够优秀的软件来抗衡各种来自业内的威胁。求伯君和雷军的想法一致，他们都觉得金山想要延续辉煌，必须改变单一的产品现状，扩展公司的产品线。公司要“进化”，“盘古”便应运而生。

实话说，那时候他们太急躁了。从“盘古”这个名字就可看出，雷军有要“一口吃成个大胖子”的野心。“盘古”确实是一个绝妙的构想，但实在不适合那一时期的金山。这一计划过于宏大，战线也拉得太长。而时机是不等人的。

“盘古”功亏一篑后，雷军后来也反思道：“产品设计得极其庞大，有时候想一想这么多人集中做WPS for Windows会是一个多好的结果？或者先做个中文平台和中文之星也有一争。”

将所有心思都投入到“盘古”计划中的雷军，对于自己的眼光，对于团队成员们的实力有着深刻的信任。事实也证明了这种信任。但是，命运还是向雷军开了一次玩笑。不是说“盘古”不够优秀，只能说它不合时宜。

从宣布计划开始，三年后，“盘古”才真正面世。战线拉得太长，分明是抱着只许成功不许失败的决心，但若最后的结果不能够一鸣惊人，注定会一败涂地。雷军要担的风险实在是太大了，果不其然，“盘古”的惨败给予了他重重的一击。

1995年，“盘古”组件诞生。金山公司里的每一位员工都为此激动不已。雷军亦是信心满满，他兴奋极了，将所有的期望和梦想都寄托在这心血之作上。金山里没有一个人怀疑“盘古”的优秀程度，在他们心里，它就是金山里每一名员工的实力的展示和结晶。每一个人都热切地盼望着：“盘古”一出天下闻。

“盘古”办公系统刚一问世，金山的员工们来不及庆祝，便被安排参加了“94香港电脑软件展”的展示，同时，每一个人都怀着激动的心情，紧锣密鼓地投入到了“盘古”组件的推出、宣传、销售等一系列的工作中去了。雷军也为“盘古”的诞生撰写了一篇文章。

在这篇名为《WPS新篇章——盘古办公系统》的文章中，雷军说，几年前，1993年初的时候，海内外用户便对WPS的Windows版翘首以待，渴望能在Windows环境下实现WPS操作。而在“94香港电脑软件展”中展示的“盘古”办公系统提供了一套基于Windows平台的完整的办公自动化环境，极大地满足了海内外用户的期望。

介绍“盘古”组件的诞生背景时，雷军用饱含深情的笔触介绍道：“她是在WPS发明人、方正集团副总工程师求伯君先生的主持下，由方正集团珠海金山电脑有限公司的几十名工程师，经过三年的努力，研制开发的最新产品，是珠海金山电脑有限公司继推出方正Super Ⅵ型汉卡及NT版系列软件之后的又一鼎力之作；也是方正集团在计算机软硬件方面继推出大型电子出版系统和方正Super汉卡及全面代理DEC系列产品之后的又一次大的举动。”

随着时间的推移，产品发布的日子一天天临近。4月，金山员工们为三年磨一剑的“盘古”组件正式开启了一场发布会。那时候的雷军，还没有意识到产品宣传的重要性。他准备了一篇新闻稿，联系了20多家媒体参加了这场发布会，同时在报刊上刊登系列广告，忙得热火朝天。

谁知竟打了个“哑炮”，前期的一切努力并没有迎来预期中的效果，“盘古”组件在市场中颇受冷遇，广告刊登后的半个多月里，还有用户来电，询问“盘古”组件究竟是什么。可见，用户对这款软件基本上是一无所知。

雷军自以为能够凭着“盘古”组件颠覆市场的野心落了空，这时候，金山公司已经为“盘古”组件的研发、宣传投入了差不多200万元的费用，除此之外，还有无数人的心血，三年一千多天的日日夜夜。他沮丧地发现，这场原本只许成功不许失败的战役最终败得一塌糊涂……

“盘古”出师不利，那“宏图伟略”还没来得及实现，便凋零在现实环境里。这次失利损失惨重。1995年，金山的年经营额、销售额大幅下降，甚至不及1994年的三分之一。最困难的时候，金山公司偌大的办公室里只坐着二十几名员工，其余的人纷纷自谋生路。人人心情灰暗。最难过的还是雷军，似乎在一夜之间，他的心境发生了巨大的变化。

“那年，我失去了理想。”雷军如此说。

失败固然痛苦，却也是让人急速成长的阶梯。只要顶住了失败带来的惨痛打击，积极地看待荣辱得失，你所能得到的远比一帆风顺的人生能够给予你的多得多。这次失利并没有将金山、将雷军打倒，他将一切投入、付出当作向市场交的学费，以此换来了一段宝贵无比的经验。

三年心血付诸东流后，雷军也曾自问，难道是因为“盘古”不够优秀？他将事情从头到尾梳理了一遍，反复思索、反复研究后才恍然大悟，“盘古”组件没有得到社会的认可，这是它失败的真正的原因，而不是因为它不够优秀。

对此，雷军总结说：“我们以前都是搞技术的，从来没做过市场，“盘古”所有推广工作只是请方正帮助办了一个新闻发布会，然后打了千篇一律的广告，我们以为这样就算将市场工作做好了。”

不到位的市场工作，程序化的僵硬宣传将“盘古”组件推向了万劫不复的境地，雷军终于心服口服地承认：“我们都是一群技术爱好者，实际上是在做自己的产品，而不是市场的产品。”

有人问雷军，如果历史可以重演，金山还会在那一年走上惨败的道路吗？雷军果断地回答说，不会。如果历史可以重演，他们至少能够守住原本的“一亩三分地”。他甚至很感激那段经历，它刺激着自己去转变思维，同时促进了金山的长足进步。

第五章

和金山一起成长的岁月

去而复返，雷军从金山消失的六个月

“盘古”组件一败涂地后，雷军曾从金山消失了六个月。那一年，他27岁。多年后，回忆起那场失败，雷军说：“这种结果让本来劲往一处使、势不可挡的队伍突然之间完全丧失了战斗力。辛辛苦苦干这么久，什么都没有得到，这些程序高手回想起那段经历一定觉得很痛苦，我自己也很痛苦。不是每一分耕耘都有回报，当你以为必成的事情结果没有成功，你以为这么多年的辛辛苦苦一定有回报的时候，结果没有回报，那种滋味不是好受的。”

在雷军痛苦挣扎的同时，金山内部正承受着一场绝无仅有的打击，失去了领头人的金山，苦苦应对着市场的残酷竞争，正如一座将倾的大厦，在风雨中摇摇欲坠。

雷军研发“盘古”软件，是想以此对抗微软Word的汹汹来袭之势，抢占摇摇欲坠的WPS市场。谁知，它不仅没有为金山带来丝毫利润，反而成为金山的软肋。因投注了几乎所有人力研发的“盘古”组件在市场中遭到极度冷遇，他们又过早地放弃了DOS市场，外敌虎视眈眈，巨额投资又打了水漂，金山内部可谓是寒风呼啸，人人自危。财务困难使得人才急速流失，业内一片唱衰之声。

到了1996年，在微软和盗版的夹击下，金山更是到了死亡的边缘。据说，为了挺过难关，求伯君不得不忍痛割爱卖掉一套别墅，换来200万元，存入公司的账户。雷军看着这一切，心里难受极了。

人生中第一次感受到何为兵败如山倒，何为成王败寇。他每天都能在公司里感受到那种失败的气氛。自己的事业潦倒不堪还是小事，更让他煎熬的是，他没有带领好队伍，他实在是愧对他人的期望和信任。这种自责的心境让雷军听到了梦想破灭的声音。

金山越来越困难，最难的时候，甚至发不出工资，一批又一批的员工因为生活艰难，因为灰心失望，迫不得已离开了金山。

雷军坐立难安，“辞职”这两个字时不时出现在他的脑海里。他犹豫了很久，还是找到了求伯君，提出了这个想法。求伯君沉默良久，对雷军说，他不同意雷军辞职，但是同意雷军暂时休整半年，调整好状态再说。

之后，从4月到10月，雷军从金山消失了六个月。

回到家中的雷军一个人坐在空荡荡的房间里，愁眉不展，心事重重。有时候不知道什么时候睡着了，醒来的时候才发现又在沙发上窝了一宿。在床上他实在是睡不着觉。他的状态一度很糟糕，情绪低落到了极点。后来，他意识到自己出了问题，为了让自己打起精神来，他选择了运动的方式去舒缓压力。

那半年里，几乎每一天下午，他都会独自出门跑上五公里，直到累到大汗淋漓，累到上气不接下气。偶尔，他会对着天空声嘶力竭地大喊：“我是最棒的！”一遍又一遍，只为让自己将胸中的一口闷气全部释放出去。

无聊的时候，雷军也喜欢待在酒吧里。那里热闹的环境、嘈杂的音乐会让他暂时忘记一切烦恼。

靠着这些方式，他的状态逐渐好了起来。在家无所事事的时候，他喜欢上了BBS，最痴迷的时候，几乎一整天都泡在BBS论坛上，一直到深夜。早上7点，他起床，收拾完毕后，便打开电脑，有时候围观着别人的谈话，有时候噼里啪啦地敲击着键盘写起了信，他一天最多能写200多封信。

雷军回忆起那段时间，谈起自己对BBS痴迷的原因时，笑着说："那时候，BBS对我来说，就是一堆活生生的人，就是一个经常去的茶馆，总想去看看他们又在侃什么，然后，总忍不住发表一下自己的意见。"

这种简单的生活过了一段时间后，雷军感觉自己的心逐渐安静了下来。他情不自禁地想，要是自己离开IT行业，去开一个小酒吧的话，会不会过上另外一种生活呢？

他被这个一时兴起的想法吓了一大跳，随即苦笑着摇摇头。最了解雷军的人莫过于他自己，遭遇重创的时候，他可能需要一段时间去调整状态，但这并不能代表他就是个容易放弃的人。相反，他这个人韧性极大，看起来性格温和，骨子里却不那么容易认输。

何况，他一直没有忘记自己的梦想。现如今，这梦想更是慢慢变得具体、丰盈起来。

1996年6月，雷军在西点BBS上写了一篇文章，叫作《我的程序人生》。文章中，他这样写道："我也不知道今天我上了西点BBS多少次，这次上站的时候所有信区都没有几封信，'程序人生'这个信区永远都没有什么信。我一直都有这样的感受：'程序人生'这个词太好了。仔细琢磨一下，可以理解成多个意思：第一，程序员的人生感受；第二，编程的感受；第三，看待人生如同一个程序，有的人执行得快，有的人执行得慢等。但看到'Programe'就又想，是'Programming'还是'Programmer'还是……我觉得应该是编程感受。"

这半年的"休养生息"，让雷军的自信心得到了极大的恢复。一开始，他想到过去的失败就会一阵心烦气躁。经过六个月的休整后，他已经能够主动去回忆自己做过哪些错误的决定，走过哪些荒谬的“臭棋”。这半年的缓冲期让他逐渐明白，编写软件并不主要是技术上的问题，关键在于要顺应市场的需求。这半年的反思，让雷军恍然大悟，在关键的时刻栽跟头是一把双刃剑，懦弱的人会被它打击得面目全非，就此沉沦，勇敢的人却会收获一个脱胎换骨的自己。

如果说，在此之前，雷军的梦想是成为中国最优秀最顶尖的程序员，那么在此之后，雷军的梦想悄悄发生了转变。他要做一个合格的营销者、管理者，他要挑起市场的大梁，让自己的能力和实力得到最大限度的发挥。

六个月后，雷军重回金山。看着愈发成熟而又意气风发的雷军，求伯君欣慰而又满意。他们并肩作战，花了一年的时间将新版WPS97推到了市面上，结果异军突起大受欢迎。又一年后，他们拉来了联想450万美元的巨额投资，除此之外，联想更以折算450万美元的商誉注资金山，金山因此一扫颓势，重新焕发出了强大的生命力。

从工程师转变成管理者

雷军曾经说过：“我写过一些好程序，但是我真的是没有赶上好时光。在我写程序的时候，没有遇到一个好的市场人才或管理人才，在没有人带我的情况下，我只好自己带自己。”

那段时间里，作为程序员的雷军做梦都想获得成功，可是正如他自己所说，他是一步步摸索着前进的。求伯君的出现让他有了明确的奋斗目标，这样一个可仰望的对象，让他钦佩赞赏又惺惺相惜。他看到了求伯君这样一个技术人员的成功，也看到了属于自己的光明未来。

雷军是渴望成功的，是梦想做一番大事业的，随着事业的逐步发展，这份渴望日益炙烫滚热，这个梦想一天比一天宏大，一天比一天具体，占据了雷军的整个心胸，整个脑海。

1992年，雷军刚加入珠海的金山公司后逐渐发现，充斥在周围的是一种松散的程序员文化。此时的金山是一个纯粹的技术性的公司，公司里的高层几乎都是程序员出身，之后才逐步转型做研发、做管理。那时候，他潜意识里觉得自己应该会走上求伯君的老路，好好做技术，时机成熟的时候再转型，成为独当一面的领导者。

可是当雷军成立了北京金山，组建了自己的团队后，他才突然意识到，求伯君的成功其实是无法复制的。对于他来说，如果想要循着求伯君的老路取得求伯君今天的成功，根本是很难的一件事情。这是为什么呢?

其实，求伯君的WPS之所以取得那么大的成功，与当时的市场环境息息相关。WPS刚研发出来的时候，国内的IT企业并不太多，竞争远远没有今天激烈。靠着强劲的实力，靠着好口碑，WPS经受住了市场的考验，成为人们的首选。而求伯君这边，或者说金山这边，压根没有做什么建设性的营销。在这样的情况下，金山靠着WPS，在短短的几年内便在国内市场上站稳了脚跟。

求伯君的成功带着很大的偶然性。换作今天的任何一家公司，任何一套软件，想要不靠营销手段，迅速地打开市场，乃至独占鳌头，可以说是一件根本不可能的事情。

雷军思索着，梳理着这一切，隐隐约约意识到，营销这两个字十分关键。

然而，20世纪80年代的时候，国内对于营销这个概念是十分反感的，人们将营销这个词与骗子画上了等号，很少有人看得起营销这件事，更别说把它当成一份重要的工作去计划去实行了。

雷军虽然隐约意识到了营销的重要性，可是受到当时大环境的影响，并没有将重点放在这上面，直到走了弯路，受了重创后，才逐渐醒悟过来。在以后的事业进程中，成为管理者的雷军越来越明白资源整合的重要性，营销手段的重要性。

他立志成功，立志将求伯君的今天变成自己的明天，既然是这样，他就得冷静地思考、判断，抛弃固有的思维，寻找出属于自己的一条路，而这条道路迟早会引领着自己走向光辉灿烂的明天。

雷军的思想发生了巨大的变化，他看待金山的目光也变得不同起来。在他看来，此时功成名就的金山对于市场的敏感度退化得厉害，又不屑于去做市场营销，技术上做得也不算出众，实在是危机多多。雷军对此很忧虑，他作为管理者，萌发了转型做营销的想法。

提起当时，雷军是这样说的："金山当时聚集着一大批程序高手，没人愿意干营销。要知道，做一个研发高手，他们的自我感觉是非常良好的，转做营销，人生地不熟不说，还要从头做很多工作，这个转变首先是个心理的挑战。"

实际上雷军并不能算是一个天生的管理者，他不是这方面的天才。大二的时候，有人曾请雷军做一场反病毒的讲座。他为此准备了好几天，写了好几页的演讲稿，原本以为应付两小时的讲座绰绰有余，哪知道讲座开始后的15分钟里，他就将所有的演讲稿都念完了。望着底下黑压压的听众，雷军口干舌燥，紧张异常，不知道说什么好，只好将那份演讲稿又从头到尾念了一遍。

雷军是程序员出身，对于管理方面，实在没有天赋。可是他这个人执着，明确了一个方向后，一定会不断地为此努力。管理无疑是一门最复杂不过的思维和科学，雷军知道，他得不断去学习、补充管理者的各种技能。他在金山的职位越来越高，管理的员工越来越多，需要担负的责任越来越大，就越来越清楚，他得去恶补营销这门学问。

1996年，在金山里身居高位的雷军开始学着去做一名商人。他说："金山在危难关头，我不能从自己的喜好考虑，这个时候，我不做营销谁做。”

他开始努力学习各种营销知识，既热衷于请教前辈，又对市面上流传的各种营销经验、规则分外上心。他彻底放下了程序高手的架子和工程师那天生的清高，态度变得谦虚而又诚恳。他听从别人的建议，虚心拜访每一家媒体，在同他们打交道的过程中增长着自己的营销知识。他在短时间内积聚了一大批记者朋友，不遗余力地向他们求教着“真经”。

谈起那段经历，雷军乐呵呵地说：“英汉通总经理杜红超教给我一个最重要的理论就是，要用卖白菜的方法卖软件。”

正是杜红超的这句话，让雷军一下子开了窍，他开始觉得，自己正慢慢掌握了营销的真谛。雷军将这一套发挥到了金山软件的售卖上，所谓“行家一出手，便知有没有”，雷军一出手，金山软件轻松地卖了100万套。眼见着初有成效，雷军十分兴奋。

后来，营销成为雷军身上一个鲜明而独到的标记，他甚至靠着营销打下了一片天。如今，人人都说，雷军是营销大王，雷军玩营销不输乔布斯，却很少有人耐心去研究他当初摸索前进的全过程和一开始尝试着去“吆喝”的那笨拙的模样。

雷军的转型十分成功，他逐渐变成一个成熟而又强大的管理者，他甚至变成了一个精明的商人，对市场的走向，对民众的喜好，见解独到而透彻。在追求成功的过程中，他不遗余力地改变着自己，丰富着自己，强大着自己，他的脚步也越走越坚定，越走越顺畅，越走越从容。在拼搏的过程中，他走出了一条属于自己的成功之路，这中间，他吃过无数苦头，纠结苦恼了无数次。而最后，他战胜了自己，日后一次又一次地战胜了神秘莫测的市场。

从工程师华丽转身为管理者的雷军，在这个过程中突破了重重障碍，他也越来越适应自己管理者的身份。说起他为金山所做的贡献，有一点不得不提，即他曾为金山制定的核心经营理念：市场占有率比企业收入更为重要。因着这个理念，1996年，金山软件发起了一场“红色正版风暴”，而金山的影响力在那一年达到了顶峰。

雷军一再强调，自己根本不是天生的管理者，他更不是天才，之所以有今天的成就，源于那股决心，那份常人难以企及的勤奋。一旦他意识到自己走错了，一定会立即修正道路，而不会为了愚蠢的自尊心，与市场死磕下去。这正是他的睿智之处。

研发毒霸，雷军的“以战养战”策略

说起电脑病毒的概念的起源，其实是非常早的。电脑先驱者冯·诺伊曼曾在他的一篇论文《复杂自动装置的理论及组织的进行》里大致勾勒出了病毒程序的蓝图，那时候，商用电脑还没有问世。

随着IT行业在中国的起步、发展，就注定避不开计算机病毒的侵害。1988年，我国终于出现了第一例计算机病毒——“小球病毒”。该病毒发作的时候，电脑屏幕上会出现一个不停跃动的小球，一旦碰到英文字母，整个字母便会被削去，一旦碰上中文，此字要不被整个削去，要不被削去一半。原本是英文字母和中文字的地方，可能会留下乱码。

“小球病毒”在当时的国内传播得极其迅速，之后，更有“捣蛋分子”对其进行了加强改造，使得其危害性大大增加，让不少用户苦恼不已。

“小球病毒”肆虐大江南北的时候，国内还没有相应的杀毒软件。看到了杀毒软件的巨大市场潜力后，市面上的互联网公司纷纷将目标瞄准了这块“蛋糕”，希望能够抢占一席之地。激烈的竞争同时也促进了中国杀毒软件的发展。

1990年，国内出现了第一块硬件防病毒卡，四年后，真正意义上的杀毒软件在中国诞生，随后瑞星、华美星际、蓝盾、经纬等杀毒软件纷纷问世，可谓“百花齐放”。

雷军对于杀毒软件一直很上心。1988年，武汉大学的机房多次中毒，为了解决这一难题，雷军和同学们一起努力，研发出杀毒软件“免疫90”，更因此被称为“反病毒专家”。那时候湖北省公安厅还专门邀请雷军为大家培训反病毒技术。可以说，雷军也算是国内反病毒领域的前辈了。

进了金山后，雷军并没有将太多的心思放在病毒软件的开发上，而是一心扑在程序方面的研发和管理工作上。直到1997年，反复权衡国内市场的情形和金山自身发展的情况后，雷军意识到，是时候进军杀毒软件市场了。“金山毒霸”的雏形在他脑海中慢慢浮现。

1997年，国内的电脑病毒十分猖獗，正是在这年秋天，金山反病毒小组在珠海的金山大厦四楼成立。那时候，反病毒小组只有一个成员，叫卢新东，他一人挑起了研发杀毒软件的重担。直到第二年4月，第二位组员陈飞舟才加入小组，与卢新东并肩奋战在“金山毒霸”研发的第一线上。在这之后，反病毒小组迎来了一个又一个优秀的组员，在大家的努力下，“金山毒霸”也由最初的缥缈的构想、雏形渐渐有了具体的架构、轮廓，直至最终完成、问世。

反病毒小组的成员们承受着巨大的压力，工作人员为了早日实现梦想，干脆住在办公室里，夜以继日地工作着。当时公司的要求是，金山毒霸每半年就要升级一次，对比另一成名杀毒软件“瑞星”一年、一年半升级一次的频率，工作量实在是不小。

雷军经常出入反病毒小组的办公室，有一次，他在某位工作人员的办公桌上发现了一张纸条，上面寥寥几个字，瞬间感动了雷军。只见那张纸上写着“我的青春，我的毒霸”，雷军默默看了半晌，又将那张纸小心地放在原处。对于雷军来说，这句话正是他心路历程的写照，若是将这句话换成“我的青春，我的金山”，与他的心境同样能够严丝合缝地对上，所以这句话才在那一瞬间打动了他。

因着这种拼搏的劲头，金山毒霸才最终成功问世，并取得了喜人的成就。说起“金山毒霸”这个名称的由来，还有一段曲折的经历。直到这款杀毒软件正式发布的前夕，这个名字才被真正敲定下来。雷军知道，名字取得好能够起到先声夺人的效果，所以格外重视这款杀毒软件的命名。大家冥思苦想了好几个月，始终拿不定主意。有人说，不如叫“金山除霸”，有的说还是“金山毒王”好，这些名字都被大家否决掉了。又有人说，觉得“金山毒霸”不错，雷军听了眼前一亮，便列入了待定的行列里。

最后，之所以敲定“金山毒霸”这个名字，是雷军考虑到金山之前曾经推出过“金山影霸”和“金山词霸”，用“金山毒霸”这个名字，既可保持队形，听起来也很顺耳响亮。

1999年4月，“金山毒霸”的测试版首次发布，很快跃入了网民们的眼帘之中。因着免费的策略和高超的实力，大众对于“金山毒霸”的接受度很高，其在短时间内便获得一片好评。

网民们主要是通过搜狐、新浪等多家媒体来下载“金山毒霸”杀毒软件，金山公司特意委托、安排《中国计算机报》《电脑报》《大众软件》等十余家媒体为网民免费发放光盘。据当时的统计，那一次“金山毒霸”的测试活动至少吸引了150万人参加，场面火爆异常。口口相传出的好口碑让毒霸风靡一时，在1999年的《大众软件》“热门软件排行榜”中，“金山毒霸”获得了第二位的殊荣。

无数用户对“金山毒霸”交口称赞，光是金山软件公司收到的电子回馈邮件，就差不多有两万多封，绝大部分用户的态度都很热情，其中1000多位用户还详细提出了对于“金山毒霸”的使用感受和改善建议。

人们对于“金山毒霸”的接受度之高完全符合雷军的心理预期，他为此兴奋异常，觉得自己终于打了一场扬眉吐气的硬仗。他知道，“金山毒霸”的成功与反病毒小组夜以继日的艰苦奋战分不开，与这么多年的蛰伏修炼分不开，他是在用“以战养战”下一盘大棋。

何为“以战养战”？

原来，“盘古”组件的失败让金山遭受到了巨大的创伤，虽然在求伯君和雷军的努力下，金山终于死里逃生，重新站了起来，但毕竟外有微软等对手的倾轧，内部财务经营诸多矛盾也暴露得越来越彻底，金山时不时会陷入两难境地之中。为了拯救金山，雷军运用了“以战养战”的策略。

为了在微软的“虎口”下守住WPS打下的市场，雷军和微软周旋了起来，他说，微软不做什么，金山就做什么，这是金山的生存法则。1997年，金山相继推出“金山词霸”“金山毒霸”测试版，这些都是“以战养战”策略中的内容。对此，雷军总结说：“最优秀的人全部派向了WPS，做所有的产品都是为了以战养战，钱都投向了WPS。”

这种策略无疑是睿智的，在金山处于弱势的情形下，硬碰硬无疑是愚蠢的，相反，曲线救国，以战养战也许会为金山赢得几分胜算。雷军在筹谋，也是在赌。而“金山毒霸”团队没有让他失望，他赌赢了。

2000年，“金山毒霸”成功上市，那一年，成功跻身于中国杀毒软件前三强。在瑞星等多家杀毒软件的围追堵截下，“金山毒霸”没有退缩，反而昂首并进，发布后仅仅两年时间，便拿下了国内整个杀毒市场的半壁江山，成功为金山打了一个漂亮的翻身仗。

价格改革，在微软和盗版的夹缝中觅得生机

历数那些年的岁月，民族企业金山WPS与国际巨头微软office之间有着很多“不能不说的故事”。

20世纪90年代，金山WPS在很长时间内几乎垄断了国内的文字处理市场。那时候，金山是国内软件业最有力量的代名词。很多程序员都以能够进入金山工作为荣，渴望着去那里实现自己的梦想。曾有一位金山的老员工在接受记者采访的时候说，多年前他在写给金山的求职信中有这么一句话："如果30岁前进不了金山，我将一生都不再从事编程工作。"

那个年代，金山代表着一种高度，象征着国内顶级的水平，那是它的黄金时代。这种景象随着国际巨头微软决定在中国开拓市场的那一天起渐渐发生了改变。中国市场巨大的潜力使得微软不可能放弃这块土地，1992年，微软公司正式入驻中国。1994年，它便用Windows4.0在国内市场上成功掀起一波浪潮。

微软虽然实力强劲，但对这个陌生的市场毕竟很不熟悉，为了以后的发展，他们向金山表示出了合作的意愿。微软提出，希望与金山的WPS实现文档格式上的兼容。

面对微软抛来的橄榄枝，金山第一直觉是可以考虑，内部决策层并未觉得WPS格式是一个多大的秘密。双方几场交谈下来便达成了协议，金山和微软可通过各自软件的中间层RTF格式来读取彼此的文件。在求伯君看来，金山与微软之间的交换协议并没有什么不妥当之处，当时他主要考虑到两点，首先就当时国内市场来说，WPS虽然有着极高的占有率，却没有得到过很高的收益，与微软的资金相比根本不值一提；其次，从用户角度来说，根本没有考虑兼容的问题。这些都是WPS的致命伤。所以，从一开始，金山对于双方的合作是抱着积极态度的。

只是，这段合作的走向却逐渐演变得耐人寻味起来。雷军在谈起这段合作的时候，拍着大腿说："我们当年是上了微软的当了……"

1996年，微软发布了Windows95，电脑系统从DOS升级成了Windows。Word功能日益丰富强大，原本用惯了金山WPS的用户也慢慢因为这段合作渐渐注意到了微软，并转化成为微软的忠实用户。WPS

的影响力一天不如一天，最后只能被迫将主导权交到了对方的手上。

金山之所以在这段合作关系中这么吃亏，算起来，与它当初资金严重不足有关。很多人又要问了，某一阶段里，金山WPS可以说垄断了国内大半个市场，销量高得惊人，又怎会有资金严重不足这一说？这要结合当时的背景来看，业内人士都知道，WPS的成绩虽然亮眼，获利却不多，哪怕在最辉煌的年代，也没有积累下多少资金，这一切都是因为盗版。

求伯君的一句话将金山当时的困境展现在了我们的面前。他说："你知道所有的人都在用，但是你收不到钱，因为盗版。"

开始，金山对盗版危害严重预估不足，也没有十分重视知识产权等问题。盗版的泛滥，或许还从侧面烘托出了WPS在市场上的受欢迎情况。所以，那一时期，金山在盗版打击方面做得很是松懈。但随着盗版越来越猖獗，收益一再被压榨，金山才慢慢产生了警惕。对盗版的轻视为金山之后的发展埋下了巨雷。

当迎上微软，一次次与之正面交锋的时候，金山才发现，面对对方的"财大气粗"，"囊中羞涩"的自己只能一次次被迫交出主动权，只能迂回周旋，却不敢正面迎战。

棋差一着，只能带来一连串的错棋。WPS格式向微软袒露无疑，微软便顺势毫不客气地狠挖了一下金山的墙脚。WPS格式向微软开放，意味着WPS用户可以使用微软Word打开、编辑WPS格式文档。WPS的垄断地位被打破，优势在这一过程中也消失殆尽，用户尝到了甜头，纷纷转为微软Word的用户。

因着这段合作关系，WPS由盛转衰，金山决策层对己方的大意后悔不已。微软一举取代了WPS的垄断地位，用Office95中文版"终结"了金山DOS版WPS。

在这危急的关头，雷军反而镇定了下来。微软胜了一次，难道因此永远立于不败之地？金山败了一次，难道就此消沉，退出历史舞台？一时胜败不算什么，笑到最后的人才是真正有实力的、扛得起大旗的人。他知道，金山与微软之间的战役才刚刚开始。

休养半年后，重新回到IT战场的雷军振作精神，决定采取“以战养战”的策略应付微软与盗版的夹击。很显然，这种通过开发其他软件来盈利以维持WPS的“以战养战”策略是十分明智的，金山正是靠着它顽强地挺了下来，一点点恢复了实力，又重新攀上高峰。

“以战养战”计划紧锣密鼓而又有条不紊地实施着。1996年，金山推出《中关村启示录》，这可以说是中国大陆第一套电脑商业游戏，一经面世，便产生了不小的影响。这个甜头让金山瞄准了游戏市场，并在之后又推出一系列脍炙人口的软件产品，包括“剑侠情缘”“金山影霸”“电脑入门”等，获得了极可观的利润。

同时，金山集中了公司里最顶尖的技术人员，紧张地投入到了WPS97的研发中。WPS97的研发并不是一蹴而就的事情，金山需要用别的“战场”上积累下的资金、经验去供给WPS这个“主战场”。幸好一切都在按照着雷军的计划进展着，“以战养战”策略十分成功。

1997年10月，WPS97横空出世。它是首款运行在Windows平台上的国产中文处理软件。WPS97很受欢迎，凭借着之前积累的2000多万的用户基础，两个月内，它的销售额达到了13000多套，在同一阶段的各类办公软件销量排行榜中名列第一。那一年中国电脑界十件大事之一便是“WPS复出”事件，金山的“东山再起”十分受人瞩目。

雷军对此十分欣慰，金山与微软的这场较量在他看来，并不单单是行业软件之间的竞争，这背后有着更多的意义。像很多人说的那样，金山这个濒临倒闭的民族企业与如日中天的国际巨头之间的抗衡，无异于螳臂当车。但是，雷军知道，民族企业不能失去自己的尊严，中国人要有自己的软件。

在微软与盗版的夹击中，金山哪怕撞得头破血流，也不会轻易投降。它将在一次又一次的历练中变成有担当的企业。

第六章

从工程师到管理者

广泛撒网、重点培养的雷氏管理法则

谈起金山与微软之间的对抗，有人形容说，那就好比蚂蚁和大象之间的交锋。何为蚂蚁，何为大象，不言而喻。1999年7月16日，微软的股票市值突破了5000亿美元，这个成绩令人咋舌。在那之前，还没有任何一个企业的市值突破过5000亿美元的大关。

与此同时，金山却仍然在打拼。

雷军的态度却很坚决，金山与微软的这场仗，必须要打。在微软与盗版的双重打击下，金山势必要走出一条稳健而又独特的路径，力求在生存的基础上发展壮大，再迎辉煌。雷军用缜密清晰的思路为金山的下一步发展做出了具体的规划，金山既要咬紧微软，还得挖掘出更大的市场。

雷军渐渐摸索出了一整套的管理企业的法则，如果用一句话来介绍，那就是：广泛撒网，重点培养。这与“以战养战”策略不谋而合。过往的失败教训让雷军清楚地认识到，将所有鸡蛋放在一个篮子里是一件风险很大的事情。金山靠做WPS起家，它也是金山最出名的产品，但是金山不能将所有的宝一股脑地押在WPS之上。为了抢占先机，一定得去挖掘更多的市场潜力。

金山已经抽出了最优秀的力量去研发WPS97，如果单纯靠这个项目盈利，冒的风险未免太大，“盘古”败就败在这里。为了避免重蹈覆辙，雷军果断下了决心，要将公司里剩下的人力物力财力分成多个部分，组建了多个研发团队，这也就是所谓的“广泛撒网”。

当时一些人对雷军的管理方式存疑，也有一些“事后诸葛亮”不以为然地说，“广泛撒网，重点培养”根本没必要，如果当时金山能够集中所有精力、财力去做WPS，说不定早就赢了微软。

对此，雷军说，他很理解一些用户的苛责，也许在这些用户心里，WPS承载了民族软件的希望，所以金山绝对不会放弃WPS。但是对于1996年的金山来说，最重要的问题是生存，金山必须多元化。

那个时期，强敌环视，盗版猖獗，内部财务紧张，人才流失，公司摇摇欲坠，若真的将所有生的希望全部放在WPS上，就算侥幸活了下来，也可能是一家十分单一的、包容性极低的公司。“广泛撒网”使得金山的产品丰富而多元，拥有极高的弹性和耐性；“重点培养”使得金山亦不乏特色产品和超强实力产品。关注主线，同时培养多条支线，使得金山这家公司的实力越来越强劲，格局也越来越大。

1996年，金山推出第一款国产游戏“中关村启示录”，销量极高；4月，金山又推出影音播放器软件“金山影霸”，因其强劲的功能一时间风靡大江南北；之后，金山又推出“电脑入门”，很轻松地在一个月里卖出了1万多套。面对这些亮眼的成绩，有人说，雷军做的都是“小东西”，难登大雅之堂，也不值得花费这么多力气去做。雷军却说，“金山影霸”这些“小东西”让金山找到了生存的感觉。如果将“金山影霸”“金山毒霸”等产品看作是一场场小的游击战，而最宝贵的就是从这些小的“游击战”中积累下来的战斗经验。

雷军在经历了“盘古”的失利后，整个人成熟了很多，他尝试着用一种更长远的目光去看待问题。从“广泛撒网，重点培养”的管理法则，衍生出一套“多元化管理，重点突击”的方法。眼前的一场场小“游击战”的成功，并没有让他松一口气，他又以饱满的热情投入到了下一步的计划中。

从网游市场的试水反馈来看，这会是一块巨大的“蛋糕”，充满着无限的潜力。雷军让公司将主要矛头对准游戏研发领域，势必要拿下这个“山头”。2003年5月，金山拿出8000万元的资金，一举投入网游领域，并派出100多名技术精英、5个经验丰富的技术总监，迅速组成一个庞大的网游研发队伍，仅仅用了三个月的时间，就推出了“剑侠情缘”网络版，搅热了整个市场。9月10日，耗资三千万元的“剑侠online1”在金山员工们的翘首以盼中终于上线，反响热烈。

想当初，雷军将“网游”作为重点培养对象的时候，为了让公司高层对网游产生更直观深入的了解，特意吩咐高层管理者们必须在游戏中修炼通关，取得一定的成绩。玩游戏成了一个硬性指标，要是达不到，就没有年终奖。雷军之所以如此重视网游，一是因为这个新兴行业的巨大潜力，二是因为这个行业不怕盗版。而事实结果也说明了他独到的眼光和魄力，不出几年，网络游戏已经成为金山的主要收入来源，在公司总收入中占据极重的比例。

在金山与微软的对抗过程中，雷军早已实现了从程序员到管理者的转变。华丽转身之后，他的经历给了我们很多启示。想要成为一个优秀的管理者，必须要懂得在失败中吸取教训，总结经验。更要明白，失败越惨痛，教训就越珍贵。一个优秀的管理者，心胸必须开阔，眼光必须长远，这样才能为企业在不同发展阶段定下最适合的发展策略和管理法则。

演唱会、发布会，雷军不一样的营销思路

对于任何一个公司，管理者都是至关重要的。员工们各司其职即可，管理者却需要做很多。雷军对自己的评价是：“不是特别好的管理者，但是绝对不是最差的，大概处在b或b＋这个层次上。”

当他还是一个程序员的时候，只需要一门心思编程序就可以了，当他变成了一位管理者，却需要额外付出很多。经过了最初的不适应之后，雷军却做得有声有色，乐在其中。

作为管理者的雷军，身上一直贴着一个关键词：营销。人人都知道雷军极善营销，甚至有人专门去研究他各种“剑走偏锋”的营销法则，但一开始，雷军对于市场营销是陌生的，是抗拒的，直到“盘古”的失利，才彻底扭转了他的想法。

金山某位资深员工在总结“盘古”的失败的时候，是这样说的：“对于金山来说，“盘古”实际上代表了一个阶段的结束和另一个阶段的开始。在此之前是DOS操作系统下的繁荣汉卡时代，在那个时代，技术被神话了，认为除了技术之外，金山不再需要任何东西了。”

“盘古”失利后，雷军反思良久，终于意识到，之前对市场营销的态度真是大错特错。在这以后，雷军“如饥似渴”恶补着营销知识，且在长期的实践中完善出了一套营销模式，有人将它称之为“雷氏营销法”。对于这个称呼，雷军笑而不语。

记得雷军刚进入金山成为一名程序员的时候，整天坐在电脑前和程序打交道，在人际交往方面，几乎是一张白纸。后来，一本叫作《小说月报》的杂志成为雷军人际关系上的“教科书”，这也确实让他长了不少见识。从1998年开始，他几乎每个月都要买上一本，再细细读完。对于雷军来说，《小说月报》既有文学趣味，又能让他学习到很多人情世故，可谓文字版的“良师益友”。

从那时起，他对市场营销和人际关系网愈发重视。他在心中埋下了一粒种子，经过岁月的洗礼，这粒种子终于长成了参天大树，属于雷军的营销时代也悄然而来。

雷军从一个“营销小白”转变成一个营销高手，固然与他后天的努力分不开，但说到底也有点“天赋”的因素在里面。周鸿祎对这一点就深感惊奇。有一次，还在中关村的时候，雷军和周鸿祎曾谈论过未来的各种可能性，当时甚至还提出了卖水和卖盒饭的想法。雷军曾笑着说，如果要是卖水的话，那就请刘德华做代言人，卖的水就叫作“忘情水”。这话刚说完，就把周鸿祎弄得哭笑不得。

从那时看来，雷军的营销思路就有点“剑走偏锋”，却也一直都在点上。

1998年10月10日，“金山词霸Ⅲ”标准版、科技版、企业版系列产品问世。同一天，名为“秋夜豪情”的金山词霸Ⅲ的首发庆典活动在北京友谊宾馆内的喷泉广场上举行。这场别开生面的首发仪式向世人展现了雷军非同一般的营销能力。

1998年，联想以900万美元投资金山，而“金山词霸Ⅲ”正是联想投资金山后的第一个产品，金山对其重视度可以想见。金山对“金山词霸Ⅲ”的前期宣传营销十分在意，特意拨出30万元的资金用于前期的工作。这在当年来说，可以算是一个大手笔了。雷军亦十分重视这次的宣传活动，他想，既然要花钱，这30万元就必须花到刀刃上。既然要做宣传，宣传工作务必做得别出心裁、轰轰烈烈，方可点燃人们对金山的激情。

就在雷军潜心苦思的时候，金山词霸经理王峰找到了他。他对雷军说，有广告圈的朋友曾向他提议，为了获得最轰动的市场效应，“金山词霸Ⅲ”完全可以找明星代言。当时明星代言的产品无非是一些消费品，还从没有哪个明星给某款软件代过言，这可是一件稀罕事。雷军眼前一亮，用明星做代言人，确实可以在最短的时间内吸引最多的眼球。

就在一个多月前，8月31日，微软刚在海淀剧院门口举办了一场名为“午夜疯狂”的发布会，利用这场盛大的活动来宣传刚刚问世的Windows98。整个发布会现场的气氛很是热烈，豪车往来，名流会聚，各种奖品不断，一举改变了人们对IT原有的呆板严肃的印象。雷军深受启发，不由得在心里惊叹道：“原来市场也可以这么做。”这时候，雷军下了决心，微软既然办了一场“午夜疯狂”，我们就干脆来一场“秋夜豪情”！

金山最终将代言人锁定为歌手白雪和“零点乐队”。白雪这时候正要发行新专辑，而零点乐队凭着一首金曲《爱不爱我》红透半边天，金山可以利用他们的明星身份和影响力为“金山词霸Ⅲ”造势，同时也会因为自身巨大的用户量为他们吸引来更多的粉丝，可谓是双赢的局面。金山与歌手白雪及“零点乐队”一拍即合，正式开始了合作。

筹备多时后，10月10日晚8点，“金山词霸Ⅲ”的首发仪式“秋夜豪情”终于在北京友谊宾馆的喷泉广场准时开场，现场人头攒动，气氛热烈非凡。舞台上，当红歌星白雪和零点乐队高歌畅舞，一首接一首，台下3000多名观众听得如痴如醉，尖叫呐喊，声声震耳。若不是事先知道了这只是一款新型软件的首发仪式，保准会有人误以为这是在演唱会现场。

明星效应带来了可怕的市场潜力，两个多小时的活动高潮迭起，精彩不断，1000多套“金山词霸Ⅲ”被热情的群众一抢而空，现场10台电脑和15台U激光打印机也被悉数抽走。气氛热烈到极致，时任金山总裁的求伯君也被人捧上舞台，为大家即兴演唱了一首《我的中国心》。可以说，这次活动取得的效果远远超过预期。

这场“秋夜豪情”可以说是一个多月前微软所办的“午夜疯狂”的升级版，在雷军看来，前者所取得的声势和影响力更为出色。但总体来说，是微软给了他灵感，也许，他潜意识里也有一种向微软叫板的意思。

“秋夜豪情”可以称得上是一场极其成功的市场营销，也开了金山大规模市场运作的先河，多年后，还是会有人提起“秋夜豪情”，赞誉它是一次成功的市场营销的典型。对于这次的主动出击，雷军很满意，求伯君也将其评价为“满分”。

雷军虽然看重这场“秋夜豪情”，却也明白，这场发布会只是营销中的一个环节而已。不是说做了一个漂亮的“秀”，营销就完成了。想要打好营销大战，还有很多工作去做，各个部门都要配合起来，宣传、广告、渠道更要环环相扣。随着“秋夜豪情”热度的消退，“金山词霸Ⅲ”却依然保持着极高的销量，在很短的时间内一举成功卖掉3万多套。正是因着这些先进的营销思路，雷军才一步步地走出了属于自己的辉煌的路。

红色正版风暴，雷军向盗版宣战

1999年10月21日，金山公司召开了一场盛大的新闻发布会，金山总裁求伯君与雷军一起向广大新闻媒体发布，他们即将启动一场名为“红色正版风暴”的宏伟计划。这无疑是大胆而又冒险的举动，可谓一石激起千层浪。论起这个计划的由来，那真是说来话长。

从1988年到1995年，金山WPS凭借着先进的技术在IT市场上叱咤风云、深入人心。

1996年，不知什么时候市面上突然出现了一种有着640兆巨大容量的、能够任意读取光盘的驱动器，这样一个驱动器，几乎可以装下你所有想要的软件。一张盗版光盘只要20元，上面写满了当时的主流文件，尤其是金山的软件。当时正处于金山与微软签下一纸协议的时期，盗版与微软一夜之间变成了两座大山，压得金山喘不过气来。在这样的双重夹击下，金山眼睁睁看着己方的市场优势逐渐逝去。

然而在一开始，金山却没有清晰地认识到盗版所能够带来的危害，正是这种忽视，令金山错过了最佳的打击盗版的时机，使得盗版越发猖獗，金山能够取得的市场份额越来越有限。

1998年，雷军看到了中国软件联盟的一个调查报告后，深受打击。根据报告数据显示，金山词霸的用户至少在500万户。雷军看着这个数据，又对比自己手上掌握的数据资料，极为灰心。当时，金山公司得到的数据资料是，“金山词霸Ⅲ”的销售数量连6万套都不到，这个数字与那500万的用户量相比，简直不值一提。这正说明，正版不足6万的销售量与盗版令人咋舌的销售量之间的差距究竟有多触目惊心。

眼瞧着形势越来越严峻，雷军坐不住了，他提出，金山第一对手是盗版，而不是微软，微软只能算是第二对手。经过一番深思熟虑，雷军总结出了盗版猖獗的两大原因。第一，正版的软件价格大大高于中国用户的心理承受价，且一直居高不下；第二，零售商和用户之间的距离也隔得太远，哪怕一心想买正版的用户有时候也不一定能够顺利买到。这使得正版软件在市场上的推广大大受阻，盗版便乘虚而入。

当时，市场上的低价PC越来越普遍，PC正向着平民化的方向发展。正因如此，中国的正版软件市场迎来了更多的机遇和更严峻的挑战。联想、长城、TCL等知名厂商纷纷推出的低价PC挑起了用户们的热情。雷军见到了这幅景象后，敏锐地意识到，如果这个时候再不采取点行动，金山将面临的损失无疑是十分巨大的。

分析清楚形势后，金山针对盗版采取了一系列的手段。尤其是1999年10月21日掀起的“红色盗版风暴”，在中国软件史上都可以称得上是浓墨重彩的一笔。多年来，国产软件深受盗版“毒害”，却没有一家公司这么明确地向盗版宣过战。眼瞧着这场没有硝烟的战役即将打响，雷军摩拳擦掌，恨不得一举击溃对手。

所谓的红色正版风暴，其实就是趁着主流通用软件“金山词霸

2000”和“金山快译2000”上市之际，对这两款市场份额最大的产品进行为期三个月的促销，将原本168元的价格一次下调到28元，以这个低于中国用户心理承受价的价格来促销产品，打击盗版，促进正版市场的繁荣。

其实这个做法在一开始的时候，受到了很多人的质疑。好多人说，金山简直是在开玩笑，将168元的软件一下子“贱卖”到28元，这里面是不是有什么猫腻？有的人说，这28元买的肯定只是一种测试版或者是试用版。尽管有着这样或者那样的怀疑，人们还是架不住心中的好奇，趁着促销日纷纷购买这两款产品。因此，金山每天都能够收到上百封邮购汇款单。

1999年10月23日，“金山词霸2000”“金山快译2000”正式被推入市场。在北京图书大厦的销售现场，购买者的队伍排得极其壮观。6个小时内，销售出的软件已达3000多套，基本上每1分钟要售出7套软件。就在这一天，这两款软件的销售量达到了2.7万套。不谈北京，放眼全国，很多城市都出现了顾客大排长龙、购买金山正版软件的壮观画面。“红色正版风暴”消息发布后的4天内，首批投放市场的21万套产品被用户们抢购一空。

11月1日下午，金山公司召集媒体和经销商，在北京友谊宾馆召开了一场紧急的情况通报会，宣布说“红色正版风暴”的首批产品销售火爆，已经被人们抢购一空，目前处于全面断货的状态。市场形势大大超出预期，雷军现在头疼的是，怎么解决全国市场零库存的现象。雷军在通报会上向没能及时拿到产品的代理商和客户诚恳地表达了歉意，并向所有翘首以盼的用户保证道，大家只要再等三天就能如愿以偿。

最后，他总结说：“这场风暴来得实在是太猛烈了，以至于我们自己也未能有很好的思想准备。现在看来，我们之前对市场形势的估计似乎还显得过于保守。”

这场“红色正版风暴”带给他的最大启示是，原来正版软件市场要比他想象的要乐观得多，也大得多。他知道，如果整个软件产业都能够从浮华中静下心来，认真反思反思，想必是会发现这其中的关键。

12月21日，金山公司在北京新世纪饭店宏大的世纪厅里召开了新闻发布会，雷军郑重宣布，“红色正版风暴”的第100万套产品正式下线。金山总裁求伯君亲手将“金山词霸2000”“金山快译2000”的世纪珍藏版交给国家图书馆去做永久珍藏。活动圆满结束，金山公司统计到，这两款软件上市之后，在短短的100天里销售了110万套，堪称史上销量最大的正版软件。

面对盗版的猖獗，金山的“红色正版风暴”打了一场漂亮的胜仗，极大地提高了正版软件的市场占有率。同时，随着社会的进步，21世纪以来，中国在打击盗版和知识产权的维护方面也越来越重视，对于盗版的打击力度也越来越大。金山因此成功躲过这场盗版危机，在新时代中焕发出了新的光彩。

“秋夜豪情”和“红色正版风暴”的成功，淋漓尽致地体现了雷军独特的营销思路，更为金山的营销团队带来了珍贵的经验，影响巨大。

涉足网游，这是一座待开发的金矿

2003年的春天，“非典”肆虐全国，病魔当前，人人惶恐不安。在这个当口，雷军无奈，不得不宣布金山全体放假。望着空荡荡的办公室，他内心揪心不已。多年后，回忆起那段艰苦的岁月，雷军表情沉重地说：“你不了解，450人每个月花1000万元，又没有钱赚是多大的压力，4个月就完蛋了！”

万幸的是，他们最终撑到了“非典”过后万物复苏的时候。此时的金山几乎处于一个“百废待兴”的状态，为了尽早走出泥潭，雷军决定，要让金山将大部分主力集中在“网游”这个新生的领域。这一步棋又体现出了他独到的眼光。

在此之前，金山位于珠海的“西山居”工作室早已经开发过“中关村启示录”和“剑侠情缘”单机版游戏，销量喜人。后来，又花了三年时间开发出“剑侠情缘Ⅱ”，一举售出20万套，这是当年国产游戏软件最好的销售成绩。

而在2000年前后，金山的发展可以说一直存在着一个瓶颈，之后又遭遇了“非典”的打击，雷军迫切地想要突破这个瓶颈，将金山从困境中拽出来。他看到了金山以往在网游领域中取得的成绩，心里不由得活泛了起来。

其实，就当时的情况来说，网游并不是唯一的选择。除了网络游戏，金山可以做编辑彩信的软件，还可以做财务和管理方面的软件，就像那时候的著名厂商用友和金蝶那样。

很多人都劝雷军，千万别去做网游。那时候，很多人不看好网络游戏，认为这个领域没有什么前途。谁知道，雷军斟酌再三后，还是将目光牢牢凝聚在网游这一块。为了了解网游，他从各个渠道收集资料反复揣摩，他积极参加863“网络游戏技术研究会”，并了解到游戏对电信产业的影响是7.5倍，对IT产业是3.6倍，对出版产业是2倍……基于这些数据，他又对网游市场做了详细而又全面的分析。在做了这种种分析后，雷军认定，未来，一定是原创网游的天下。

2003年5月，雷军正式向金山董事会提出，要带着金山进军网游领域。他还建议，把公司正在开发阶段的“剑侠情缘Ⅲ”从单机版改为网游。他说，中国已经进入了21世纪，网络游戏的时代已经来到了大家的面前，金山作为一家软件公司，而且研发能力出众，想要做出完美的国产网络游戏，不是一件多难的事情。

当时国内的网络游戏市场上流行的大多是韩国的网游，中国公司一般以代理为主，鲜少有公司去独立开发国产网游，一般的公司也没有那个能力。而雷军却不满足于只做代理。他觉得，国产网游与国外网游相比，有着很明显的竞争优势。

第一个是题材，中国上下五千年的漫长历史为国产网游提供了源源不断的题材，这一点是国外网游做不到的。第二个优势可以说是原创的优势，金山若是做网游，员工们可以和玩家一起玩，一起交流，一起改进，既可以解决游戏“外挂”的问题，也可以解决持续研发的问题。而韩国等国外厂家，和国内玩家们之间的交流有着重重障碍。第三，金山若做网游，只要想做好，就一定能做好。金山既有这个技术实力，同时对市场的把握和营销都非常熟悉。

雷军总结说，想要超过韩国，问题肯定不大，虽然对比欧美游戏来说，技术上还是有些差距，但是金山基于种种优势，未必不能在国内市场上打下属于自己的一片天空。

雷军在董事会上说的一句话让人印象十分深刻：“我们公司账上的钱加上银行贷款，大概有8000万元。8000万元足够我们打两仗，如果输了一仗，我们还可以再打一仗。‘孤注两掷’一定能成功！要拿出砸锅卖铁的决心，全力以赴地转战网络游戏。”

金山总裁求伯君听了雷军这一番话，十分感慨。求伯君本人除了是一个武侠迷，还是一个游戏迷，雷军的话深深打动了他。此后，求伯君和雷军一拍即合，带领着金山做起了国产网游。

金山第一时间抽调了150人转型做网游。经过一番艰苦的奋战，2003年9月10日，耗资3000多万元的“剑侠情缘online1”成功问世。在公测的第一天，它吸引了28000名用户在线，不过20多天就轻易冲过了5万人的大关。要知道，在网游行业里，2万人相当于一个“生死关”，金山不仅冲破了这个生死关，还创下了一个惊人的记录。

“剑侠情缘online1”上线的时候，雷军对外宣称，这款游戏半年内免费，半年后再收费。这件事引起了轩然大波，大家都在说，雷军在做亏本的买卖，免费半年损失的金钱会让金山遭到重创。雷军却毫不在意，在他看来，网游行业好比一座金山，只要成功登上山顶，能够坐拥的资源和利益将远远超过人们的想象。

这年年底，“剑侠情缘online1”得到了“2003最佳国产游戏”的荣誉，更为中国游戏界的自主研发注入了一股强劲的动力，也为金山带来了上亿元的收入，正如雷军最初的预料。那一时期里，金山的业务主要分成办公软件、杀毒软件和网络游戏这几大块，网游的收入在这几大业务中牢牢占据着第一的位置，为金山的生存、发展和繁荣带来了巨大的支持和推动。

雷军对于网游领域还有着更大的信心和野心。他说：“我们要在三年内成为国内最大的网游研发公司，并在国内和亚太地区成为领先的应用软件服务商。”在网游领域，金山的工作效率及收益在同行产业中名列前茅。但是雷军没有松懈。他知道，任何行业都在以日新月异的速度向前发展着。金山做网游，虽然暂时出了一点成绩，但如果满足于这种光环，只在乎数据和收益，却不把目光放在自身游戏产品的质量上，迟早会伤透那些玩家们的心。想要打开更多的市场，还得将注意力放在产品本身，万万不能本末倒置。

2004年，金山的网游产业不再局限于内地市场。同年9月，“剑侠情缘网络版”打响了进入台湾地区市场的前哨站。“剑侠情缘网络版”取得了良好的成绩后，“剑侠情缘2”和“封神榜”也相继进入台湾地区，并都获得了不俗的反响。纵观整个东南亚市场，金山网游在越南市场的表现最抢眼。据相关数据统计，各项网游公测阶段，越南同时在线的人数达到了20万，几乎占据了70%以上的市场份额。网游真的成了一座大金山，源源不断地向金山提供着宝贵的“养分”。

迄今为止，网游还是金山的三大业务之一。2007年，金山公司在香港上市，这与网游产业巨大的推动力分不开。有人甚至戏称，金山早就不是软件公司了，它现在是一个彻头彻尾的游戏公司。雷军看重网游产业，却很反感这个说法。他解释说，金山一直是个技术公司，因为游戏也是技术。

这个市场很公平，它给予每个企业、每个团队的机会都是平等的。区别在于，部分人抓住了这个难得的机会，就此创造了属于自己的辉煌，另有一部分人却因着各种原因失去了这个机会，从而错过了发展的最好时机。雷军是那个眼光长远、毒辣，能够当机立断，抓住时机的人，他走出了比常人更加辉煌、别样的人生。

功成名就，经理前面加了个“总”字

网上有个段子，说的是如今互联网行业这些大佬们的往事。这个段子是这样说的：雷军在担任金山总经理的时候，李彦宏还在美国念书，马化腾还在电信局上班，而马云却在四处碰壁。这个段子令人哈哈一笑的同时，也让人对雷军的“年少得志”留下了深刻的印象。

的确，29岁便升任金山总经理的雷军，的确可以称得上是功成名就。这一切与他天生的机智与勤奋分不开，也与他后天磨炼出的那一份过人的胆识、长远的眼光及敏锐的市场判断能力分不开。

1996年，金山正处于微软和盗版的双重夹击下，整个公司摇摇欲坠。1998年，金山得到了联想的巨额投资，好比快要枯死的苗儿得到了救命的甘霖，一夜之间焕发了新的生命力。有了联想的投资，金山实现了公司重组，开始尝试开拓其他业务，这时候的金山，急需一个新的领军人物，来撑起公司的管理和运营这两张大旗。雷军为这事耗费了很多心血，积极向公司推荐了很多人选，但是最后都没有谈成。

求伯君看着忙前忙后的雷军，一拍脑袋说，雷军不正是最合适的人选吗？他把这个想法和时任联想副总裁的杨元庆一说，对方也表示赞同。的确，雷军虽然是程序员出身，这两年已经隐隐有了管理者的风范和气质，假以时日，必能成大器。

雷军犹豫了一下，接过了管理者的“大印”。他心里隐隐有些不自信，暗暗猜想，公司是不是实在找不到人这才找到他头上，自己是不是做了替补队员？一想到自己已经接下了这个重任，雷军制止了自己的猜想。不管怎么样，既然他已经成了管理者，便不能推卸责任，他一定要做出一番成绩来才行。

在董事会上，雷军目光坚定，许诺道：“五年内，我会把金山的管理做成中关村最好的！”

雷军一直觉得管理是一门深奥的学问，这会儿真的成为一名管理者，他更加不放松于扩展和加深自己的专业素养和能力。雷军是程序员出身，他骨子里很有点技术人员的严谨、清高和完美主义。既然在董事会夸下了海口，就一定要尽善尽美地完成这个目标。除此外，他还暗暗下了决心，一定“要让金山的软件运行在每一台电脑中”。

金山是做通用软件起家的，是那时候民族软件产业中当之无愧的领军企业。虽然金山称得上是一路辉煌，但自1996年以来，金山在遇到各种来自国内国外的竞争和压力之后，却显现出了颓势。雷军知道，想要摆脱失败的命运，不能故步自封，相反，金山一定得寻求突破。所以，雷军在担任金山总经理后，将公司的发展方向进行了一系列的调整，金山词霸、金山毒霸和金山网游也就应运而生。除此外，金山还匀出部分精力用于各种互联网产品的研发，而这每一项产品都对金山的发展带来了不可忽视的推动力。

金山不再是一个单一的只做软件业务的公司，它走上了“WPS、毒霸、网游”三大业务共同发展、互相促进的道路。当然，在这一过程中，金山也遭遇到了数不尽的困难与障碍，压在雷军肩上的担子也越来越重。

拿网游来说，为了摸透这个市场，雷军就吃了不少苦头。金山的市场营销副总裁王峰提起那段时间，感慨地说：“刚开始做网游的时候，雷军有几个月，基本上白天工作，晚上通宵玩游戏，哪个游戏火就玩哪个。”后来在“剑侠情缘网络版”大获成功后，雷军曾接受《赢周刊》的采访，《赢周刊》的记者开口便说道：“听说你是金山最不爱睡觉、最不爱吃饭、最不爱回家的人。最近更是凌晨3点下班回家，早上8点开会，你或许是我采访过的睡觉最少的CEO……”

可见，雷军究竟付出了多少努力才换来了金山之后的成就。除了没日没夜的勤奋和努力，雷军更是锻炼出了“破釜沉舟”的勇气和魄力。

在决定要做“剑侠情缘网络版”的时候，雷军曾将网易的丁磊毕恭毕敬地请到了金山，想让他为自己提点意见。网易是做网络游戏发家的，丁磊对这方面自然有着丰富的经验，雷军满以为会听到一些大受裨益的见解，谁知道丁磊对金山转战网游的决策嗤之以鼻，丁磊和雷军一度争辩了起来。

丁磊最后撂下了一句话：“给你两年时间你都过不了5万人，如果到2004年底能过5万人，我给你100万美元。”雷军不甘示弱，回击道：“100万美元太不靠谱，咱们就赌10万美元，看‘剑侠情缘网络版’年底是什么成果！”

最后的结果显而易见，在公测阶段，“剑侠情缘网络版”轻松地过了5万人，大受欢迎不说，还赚得盆满钵满。靠着这股勇气、魄力和决心，金山在雷军的带领下，向着更好的方向迈进，最终等到了收获的季节。

之后，WPS在一步步的完善与发展中全面攻入日本、越南等市场，与微软在海外市场中“厮杀”得难解难分。对此，比尔·盖茨意味深长地说：“下一个微软会在亚洲。”除此之外，“金山词霸”的客户群达到了数千万，它成了国内用户们耳熟能详的软件之一。因为这骄人的成绩，雷军之后又推出爱词霸英语学习社区，同样引起了很大的反响，注册用户更是达到了百万以上。

而“金山毒霸”的成绩也很抢眼。2002年的“蓝色安全革命”之后，“金山毒霸”占据了全球软件市场近40亿美元的份额，在国内市场排名前三。

金山网游的发展亦是不甘示弱，随着“剑侠情缘网络版”“封神榜”“仙女奇缘”等产品的火爆，金山逐渐成了国产网络游戏研发企业中的翘楚。金山靠着网络产业打了场漂亮的翻身仗。

在雷军的管理下，金山的发展越发迅猛。可以说，雷军不仅完成了自己当初在董事会上定下的目标，还完成得很出色。而金山这一路而来的发展、壮大及辉煌荣耀也见证了雷军的成长。原本，他只是一个有些天赋的年轻的程序员，现在逐步成长为一个能够独当一面的成熟的管理者，这其中的转变深刻而又迷人。

金山承载了雷军太多的梦想，他将所有的精力都投放在金山里，是为了给自己一个交代，也是为了给金山所有员工一个交代。按照雷军谦虚的话来说，他算不得一个顶级的管理者。然而，在所有人心里，他却是一个最负责任、最睿智的管理者。这一路上，他总是想着“要给金山最好的”，事实证明，他终于做到了。

第七章

雷军的第二次创业

意外触网，雷军宣布创办卓越网

在20世纪末21世纪初，国内出现了很多新鲜的事物，互联网便是其中最令人好奇的新鲜事物，也是对后来影响最大的行业。1987年，全中国的人都不知道互联网究竟是什么。就在那一年的9月，在北京兵器工业总公司计算机应用技术研究所的一间办公室里，王运丰教授发出了中国的第一封邮件。从此以后，互联网越来越多地进入了中国人的视线。

年轻的时候，雷军对互联网很着迷。1993年，他第一次接触互联网。DONEWS的发起人刘韧曾在《雷军追网》中写过雷军与互联网之间的一段趣事。文章中他活灵活现地描述了雷军第一次接触互联网时候的紧张样子，那是在1993年夏天的一个晚上，一个朋友拉着雷军，去了中科院高能物理研究所的一个机房，神神秘秘地对他说，有“好东西”给他看。原来，朋友口中的“好东西”便是互联网。

机房里有着中国第一条接入Internet的线路，看着屏幕上不停跳跃刷新着的那一行一行的Unix命令，雷军眼睛睁得大大的，一颗心简直跳到了嗓子眼。连上网络后，雷军赶紧下载软件，因为那时候他对互联网实在是太陌生了，所以花了好长时间才算找到了自己想要的工具软件。随后，他将自己刚刚完成的一个小工具上传到国际上的软件下载站点。

从机房回去后，雷军还有点魔怔，忘不了之前的体验。他将自己下载得来的工具软件好好研究了一番。雷军太兴奋了，还尝试着给远在美国的这款工具软件的发明者打了一个电话。1994年初，雷军去美国的时候还专门为此拜访了他。

几天后，雷军按捺不住，再次想办法登上了Internet，他惊喜地发现，自己之前放在下载站点上的工具软件得到了超多好评。从那以后，雷军便对互联网产生了浓厚的兴趣。到了1995年，他还迷上了BBS。三年后，已经成为金山总经理的雷军曾想将Foxmail和网易收归旗下，不过都没有成功。那时候，正好遇上金山的特殊时期，微软来势汹汹，盗版猖獗肆虐，雷军实在是没有多余的精力去关注互联网，但是他也并没有彻底放弃有关互联网的诸多想法。那时候，他将这些想法深埋心中，静静等待着合适的时机。

金山没做互联网，与此同时，外界很多互联网公司却做得如火如荼。譬如那一年刚刚成立的腾讯、新浪和搜狐。不管是人生路上还是生意场上，时机都是稍纵即逝的。1998年，金山错过了“互联网”这趟列车，无疑是十分可惜的。

困顿于微软与盗版双重夹击下的金山，渐渐显出了一股没落的势头。那时候，多看的CEO王如川甚至说：“别说腾讯和百度了，金山现在连网易都比不过。甚至从某种程度上来讲，雷军不算互联网大佬。”

雷军出道早，其实有着很高的江湖辈分，在中关村是元老级人物。和雷军同是湖北老乡的周鸿祎曾说，在很长一段时间里他对雷军都是仰视的态度。可是眼瞧着这些“小辈”渐渐成为影响力颇大的互联网大佬，金山却被远远抛在后面，意识到这一点的雷军，心理压力非常大，他有一种被时代抛弃的感觉。

多年以后，雷军回忆说："金山在上世纪90年代还很火，1999年互联网大潮起来的时候，我们却忙着做WPS，忙着对抗微软，无暇顾及。到2003年，再环顾四周，发现我们远远落后了，那一瞬间，我压力非常大，作为CEO，我后面两三年每天都在想，什么地方出问题了，是团队不够好，还是技术不行，还是自己不够努力？"

没有在一开始的时候赶上这波互联网大潮，便意味着失去了最佳的战略地位。这种负面影响直到好几年后还在持续，可以说，这个教训对于雷军来说是深刻无比的。他慢慢开始明白，想要成功，光靠着天资或者勤奋是不够的，最关键的是，一定要找到最"肥"、最大的市场，再顺势而为，一定能够有一番作为。

虽然金山错过了第一波互联网浪潮，雷军也很快便意识到了互联网的"大势所趋"，憋足了劲开始追赶了起来，这造就了对金山后来的发展至关重要的一项创业项目——卓越网的诞生。

那时候，雷军心里有了自己投资开设一个互联网网站的愿望。在这个愿望的驱使下，他找到了一个人，来帮助自己实现梦想。这个人叫高春辉，辽宁沈阳人，1996年，高春辉第一次接触到互联网，从此便改变了自己一生的命运。

1997年7月20日，高春辉制作了自己的个人主页，主页的访问量很高，他甚至因此被评为"1998年十大网民"之一。后来，他在逛西点BBS的时候遇见了雷军，两人聊着加密解密技术，互相很欣赏，便成了好朋友。

1998年，高春辉去了一趟北京，他与雷军约着见了一面，互相聊了聊近况。雷军将自己想要开设互联网网站的愿望和盘托出，高春辉一听便来了兴趣。他们聊得热火朝天，最后一致决定，要做一个基于金山之下的软件下载网站。出乎二人预料的是，这个听起来很不错的想法却遇到了不小的阻力。

在金山内部，雷军一直强调，金山得转型，得将目光放在互联网领域内。很多人却对这个提议抱着将信将疑的态度。当雷军兴致勃勃地在董事会上提出希望创办下载网站的想法，并拿出初步的方案书的时候，董事们却大多沉着脸，不表态。其中有心直口快的董事直接反对道："这个方向和金山软件方向未免差得太远了吧。"

雷军没想到会遇到这么大的阻力，他不甘心地说："不做肯定落后，与其失去发展的机会，不如先拿50万元试试。"经过一番激烈地讨论，董事会最后勉强同意了雷军的提议。

在雷军的游说下，1999年2月，高春辉毅然关闭了个人网页，加入了金山，成为金山卓越电脑资讯的老总。高春辉是技术人员出身，技术在行，同时也很有想法，他给卓越制定了一个清晰的定位："最大最好最快的软件下载服务中文网站"。

1999年2月，卓越网上线试运行，同年9月，卓越网正式开通。高春辉很是认真负责，卓越上线运行后，他一直亲自做软件下载的栏目更新，工作量其实是很大的，高春辉在电脑面前，往往一待就是14个小时。半年后，卓越网在CNNIC网站上的排名飙升至33位，难怪有人评论说，卓越网是雷军在互联网泡沫时代打造出来的一艘"鱼雷快艇"。

雷军对于互联网的想法越来越多，认识也越来越清晰深刻。刚进入2000年，雷军给金山的大股东张旋龙放了一场精心准备的PPT，他一边放一边进行讲解，说得很投入，张旋龙听得也很投入。他看雷军这副样子，瞬间便意识到，雷军这是想进军互联网。

说起张旋龙，正是这个人促成了雅虎杨致远和方正的合作。1999年，在张旋龙牵线下，这两家公司凑在一起开了一家合资公司，共同代理雅虎中国的广告。在这之前，雅虎、中华网的上市带来的大涨特涨的股价，以及那种盛景都给张旋龙留下了很深刻的印象，他开始关注起了互联网这个新生行业。

所以，对于雷军这个想法，张旋龙是无比支持的，他本身对于互联网行业就抱着极其乐观的态度。此时，张旋龙意识到了雷军的真实想法后，立刻便表明了支持的态度。雷军很开心，自信心瞬间大增。此后，他愈发大刀阔斧地“改革”了起来，在互联网这条道路上越走越远。卓越网很快便从金山的事业部中独立了出来，2000年，雷军向外宣布，卓越网正式成立，雷军成功地让自己的愿望变成了现实。

先走一步再说，卓越从下载站开始

当年，中国第一家IT互联网媒体——比特网上曾发布了一条消息，内容如下：

“1999年8月5日，金山公司综合类电脑资讯站——卓越网，将于九月正式开通，该网站将由高春辉担任主持，以软件下载为核心，兼有新闻、财经、硬件及其他项目。”

10多年后，雷军本人在微博上说：“1999年1月，我在金山内部设立一个小团队做卓越下载站，后来转型做电商。2000年5月，创立一个新公司叫卓越网，最初定位网上第一音像店，很快拓展到图书业务等，成为国内领先的电商公司。2004年9月由于资金压力出售给亚马逊。今天，卓越亚马逊正式改名为亚马逊中国。谢谢当年的创业伙伴。”

在雷军辉煌的职业生涯中，对于互联网的第一次尝试便是卓越网，如今，卓越网早已经改头换面，成了亚马逊中国。但由雷军这段话中，我们知道，原来卓越网的第一步是从下载站开始的。万事开头难，第一步走好了走稳了，后面的事肯定是水到渠成。

雷军和高春辉一开始做卓越网的时候，相对来说比较保守。他们将卓越网定位为一个软件下载网站，一是因为金山是一家专业的软件公司，做一家金山电脑资讯站名义上来说“门当户对”，操作上来说也省了很多麻烦；二是因为高春辉在这之前对软件下载方面有了诸多尝试，积累下了很多经验。

两人都觉得，初次创业，主要还是求稳，先走一步再说。

1999年2月，卓越网开始上线试运行。雷军做这个网站虽然得到了张旋龙等人的支持，但当时金山董事会中大部分人都是持反对意见的，在这种情形下，卓越网作为金山软件下属的一个事业部，说备受冷落，算上高春辉，员工也只有三四个人而已。试运行一个月后，金山软件在北京新世纪召开了一场新闻发布会，极其高调地宣布金山即将开展WPS2000的“龙行计划”。将这个计划介绍得差不多了之后，才顺便提了几句卓越网。雷军很能沉得住气，他没空去想这些事情，这时候，他和高春辉满脑子里转的都是如何才能将卓越网建成“最大最好的中文下载网站”。雷军每日殚精竭虑，高春辉也很拼，在他们的努力下，不到半年，卓越网在CNNIC的网站排名就上升到了第33名，知名度也渐渐高了起来。1999年8月，卓越网推出了卓越软件空间，不久后，卓越软件空间Ⅱ和卓越软件空间2000也顺利问世。开站不到一年，卓越网的日访问量不断飙升，到了1999年底，已经达到了两三万人。

人们对卓越网的印象这才有所改观，金山市场部的一位经理说：“面对互联网时代，金山公司已有了自己的网站——卓越网。”雷军将这一切看在眼里，喜在心里，却又隐隐有些担忧。在他看来，此时的卓越网好比一个嗷嗷待哺的婴儿，虽然“长势喜人”，但若太心急，反而不利于它成长壮大。一切都在学习摸索的阶段，卓越网虽然是从下载站做起的，但未来它会发展成什么样子，谁也不能预料。

正因为未来不可预料，所以现在的每一步都要走稳走准，只有默默地积聚实力，才能等来一鸣惊人、一飞冲天的时刻。雷军心里默默地想。不知从什么时候开始，身处管理高位的他，想得越来越深，看得越来越远。

做人做事都得如此，所谓仰望星空，路在脚下。心怀宏大志愿，却又要极力避免华而不实、眼高手低，只有一步步踏实、沉稳地走好脚下的路，才能慢慢铺垫出一条通往光辉灿烂的未来的路。

雷军将卓越网从下载站做起，制定的正是这样一条保守、稳定的路线，但明眼人都知道，他的“野心”不仅仅在此。果不其然，随着卓越网发展得越来越好，雷军也不可避免地想到了卓越网的未来。那时候，他脑子里仅有些模模糊糊的转型的念头，但因为一个人的启发，雷军的想法渐渐清晰、坚定了起来。

这个人叫陈一舟，1969年出生于湖北武汉，1987年考入武汉大学物理系，与雷军是校友。1993年，陈一舟从武汉大学毕业后便去了美国麻省理工学院机械工程系学习，并获得MIT硕士学位。1999年，陈一舟与其他两位合伙人共同创办了ChinaRen公司，他担任董事长兼首席执行官。在他们的经营下，ChinaRen公司以“建造全球最大的华人虚拟社区”为口号和首要目标，旗下网站的知名度越来越高，网站流量暴增，气氛更是热火朝天。

彼时，雷军看到了ChinaRen公司的声势，心里有点不是滋味。原来，早在1999年，ChinaRen还未创立的时候，陈一舟曾回国找到了雷军，对他说，自己准备做一个比网易还厉害的网站，雷军没把陈一舟的话当一回事，左耳朵进右耳朵出。结果半年以后，陈一舟真把 Chinaren.com建起来了，还真的就在业内掀起了一股声势不小的风浪。

1999年年底，雷军主动找到了陈一舟，虚心向他讨教经验。他向陈一舟问出了自己心里最大的疑惑：“ChinaRen人气的确不错，但你靠什么挣钱呢？”

陈一舟也没有隐瞒，直截了当地说：“来我这里的都是年轻人，他们的消费能力很强。他们在我这里聊天、做个人主页，高兴得一塌糊涂，然后，我就可以向这些人卖手机什么的，自然就赚到钱了。”

雷军不是很认同陈一舟的想法，他皱着眉头说：“这种思路和我们几年前办BBS的想法一模一样，我那个时候出钱买服务器，付电话费，网友们在我这里玩得也很高兴，但他们觉得来我这里就是在给我面子，我赚不到钱。”陈一舟笑起来，自信地说，凡是人多的地方，就一定会有市场。这句话给了雷军很大的启发，他又不厌其烦地讨教了起来，陈一舟滔滔不绝地回答着，两人足足说了一夜。陈一舟在美国多年，对美国互联网的发展模式特别熟悉。他的很多不俗见解都让雷军眼前一亮。一夜长谈后，雷军也试着去打开思路，以发现更广阔的天空。

后来，雷军找到高春辉，将自己的思想、体验一股脑地告诉了他。高春辉却越听越不是滋味。雷军的话里明明白白地表明，他想让卓越网做一个巨大的转变，这一点让高春辉无法接受。高春辉觉得，卓越网如若转型，改变原有的定位，算不上是策略上的转变，多少有点投机的成分。这种投机在高春辉看来，很是冒险。

雷军心里清楚，当整个市场都在以日新月异的速度发展着的时候，若一再固执己见，是多么不聪明的表现。与陈一舟的对话彻底动摇了雷军的想法，的确，卓越网是从下载网站开始的，但这并不意味着它的未来将永远局限于此。眼瞧着这第一步走得已经够稳够好的了，是该考虑这第二步该怎么走了。

雷军的眼光还是很毒辣的，果不其然，1999年底卓越网的发展势头还很稳定，到了2000年，形势却陡然一变，卓越网遇到了瓶颈。这个瓶颈还不在于卓越网的人气有所下降，虽然这个问题也比较棘手，但它此时最大的问题是收益。

卓越网的收益实在是太差了，雷军甚至说，他叫雷军不叫雷锋。卓越网之前的软件免费下载网站的定位到如今明显不实用了，再免费下去，火都要烧到眉毛了。

“卓越网站100M的带宽每天的租金就是2.1万元，这样的带宽用作免费下载，一没有效益，二没有访问率，卓越原来的路子有问题。”雷军如此说。他想起之前陈一舟对他说的话，心里突然冒出了很多纷乱的想法。将这些想法汇聚在一起，组成了一个词：B2C（Business-to-Customer，商对客）。

瞄准 B2C，卓越比阿里巴巴还早一步

雷军将卓越网的下一步定位瞄准在B2C领域。卓越网能够在激流中改头换面，迅速转型去做互联网电子商务，与雷军的“真知灼见”分不开，与卓越的现实情况分不开，也与当时的大环境分不开。20世纪90年代末，互联网技术在全球发展迅猛，在中国亦掀起一股燎原之势。雷军感受到了这种氛围，脑筋愈发活跃起来。

陈一舟相当于一个点拨者，在那个关键时刻点醒了雷军，他不由得将目光放到了互联网电子商务这一块。他将这个想法原原本本地告诉了高春辉，却遭到了对方的强烈反对。在高春辉看来，雷军对网络基本上可以说是一窍不通，去做电子商务是在磨灭卓越网的优势地位。

高春辉告诉雷军：“IT绝对不是一个逐渐萎缩的行业，相反，它是一个还有着极大扩展空间的行业，卓越没有必要下退到大众行业中去，如果卓越不‘变脸’，卓越的下一步一定会非常好走，金山放下如此丰富的IT资源不利用，反而要开展图书、音乐的电子商务业务，无疑是扬短避长。”

对于高春辉来说，金山有着丰富的软件资源，卓越“背靠大树好乘凉”，完全没必要去转型做不擅长的领域。雷军仔细思索着高春辉的话，却还是坚持着自己的看法。他不停地找高春辉开会，试图说服他。他说：“第一，互联网是一种先进的工具，企业如果使用的话一定会有很好的回报；第二，一定要在互联网上淘金，现在付出的是人民币，但是到了美国股市之后就一定能够赚到美元；第三，访问量不一定都是

钱，门户大的网站靠着访问量能挣广告费，但更多的网站在挣钱方面靠的则是电子商务。”

在雷军看来，卓越网的转型称得上是“箭在弦上，不得不发”，做图书和VCD的投资回报率比IT高得多，电子商务的未来一定是光辉灿烂的，一旦赶上了这趟“车”，卓越网前途不可限量。可惜的是，高春辉对于雷军的话却置若罔闻，完全听不到心里去，他们各执己见，谁也说服不了谁。

随着分歧越来越大，高春辉有了离开的心思。2000年4月18日，高春辉带领着几名原卓越员工，决绝地离开了金山。未走出公司大门，高春辉叹息着对身边的员工说：“1999年2月18日卓越电脑资讯站开站到今天整整14个月，那时我以为我可以实现自己的理想，但是没有想到会这么困难，但是我们的理想一定会实现，我们将继续追寻。”

也许，每个人都会在追梦的道路上遇到志同道合的朋友，结为同伴，相约着一同跨越险境高山，向着心中共同的梦想坚定不移地前进。但若随着时间的推移，双方的目的地有了偏差，步伐也就渐行渐远起来，直到有一天，他们终于分道扬镳。不必遗憾，因为每个人都有自己的路和想要实现的愿望，这是人生最朴素的道理。

对于高春辉的出走，很难说雷军心里真的波澜不惊，只是，他没有因此就停下自己的脚步。对于未来，他有着明确的野心。

雷军是个雷厉风行的人，早在1999年底，和陈一舟的那一番畅谈之后，他就开始了卓越网改组的行动。第一步便是招兵买马。他给思科的市场经纪人王树彤打了个电话，邀请对方吃午餐。王树彤欣然同意了雷军的邀约，两人见面后，一边吃饭一边闲聊，气氛很是融洽。聊着聊着，雷军突然说道：“我们现在想做电子商务，你有没有兴趣来做？”

王树彤愣了，颇有点犹豫。

看见王树彤的态度，雷军说道：“做互联网不见得行，但是不做一定不行。现在这个时机是一个重新洗牌的好机会，你可以循规蹈矩地继续过下去，也可以选择另外一种生活方式。”

雷军的话让王树彤生起了一股热情，她本人对互联网的前景很看好，但是面对雷军的邀约，她着实有点犹豫不决。最后，王树彤谨慎地对雷军说，自己需要点时间想一想要不要答应雷军的提议。雷军笑着点点头。

一周后，王树彤正式对雷军说，她可以来卓越，还向雷军推荐了自己的好朋友《书评周刊》的主编陈年。雷军一听很高兴，他对陈年很感兴趣，这个人曾参与创办席殊好书俱乐部，之后又创办了《书评周刊》，在业内很有名气。陈年事后回忆说，那时候他才30岁，不想局限在报纸领域内，想拥有更多的机会和挑战，正好雷军找上门来。但他当时是以帮忙的形式加入卓越的。

可以说，雷军做电子商务的想法比马云还要早，但是现实情况是，卓越网的起步却比阿里巴巴晚。这是因为，那时候雷军遇到了太多无法抵抗的阻力。在业内，虽然当时有一部分人能够清晰看清电子商务光辉灿烂的未来，另一部分人却对此毫无概念。可以说，后者所占的比例极高。就拿金山软件公司来说，很多人都不理解电子商务，更对雷军想做电子商务的想法抱着否定和怀疑的态度。

在人生中，绝大部分人的目光都是短浅的，只愿沉溺于脚下还算平坦安逸的道路，却没有勇气去改变，去开拓出新的道路。只因改变是痛苦的，充满着未知数。却另有一些人，胸怀大局，眼观八方，看得比身边的任何人都要清晰，长远。

一个朋友听说了雷军想要转型做电子商务的想法后，“苦口婆心”地劝他说，何必费神去做电子商务，只要集中精力做软件岂不省事得多。这样的话，雷军听得多了，也懒得去解释、去反驳了。他知道行动证明一切。

转型哪有那么容易，这条路格外难走。卓越网内部的员工围绕着卓越网的未来分为了两大派：“商务派”和“内容派”。2004年4月，某个晚上，卓越网的管理层和员工就卓越网的定位吵得不可开交。王树彤回忆说，当时她“一边讲一边画结构图，不知道重复了多少次。尽管逻辑非常清楚，但还是有90%的人反对卓越网走电子商务的道路”。在她看来，之所以有那么多人站在“内容派”这一面，反对卓越网走电子商务路线，因着物流和配送方面的问题，也因着他们内心的“IT情结”。

卓越网从下载网站做起，又隶属于金山软件公司，在“内容派”的惯性思维里，卓越网就该是一家技术性的公司，而不是商务公司。

陈年也很纠结，他回忆说：“互联网低谷时期，从事互联网的人就像箱子里的老鼠，来回奔波，寻找出路。那时候，几乎天天有人问，被外界问，被上司问，被公司的员工问，自己却不知道该怎么解决，这是最痛苦的。”面对着这种局面，雷军当机立断地找到了大股东张旋龙，他知道，如果得到了张旋龙的支持和帮助，就会突破目前这种纠结混乱的局面。张旋龙很爽快，当即便同意支持雷军。这好比是一剂定心丸，让更多的人有了信心。卓越网转型做电子商务的决定就此定了下来。随着高春辉等人的出走，卓越网的IT资讯随之停止，原来的软件下载服务也搁置了下来。雷军马不停蹄地开始了卓越网的“改变”。

2000年5月11日，改版后的卓越网正式与大家见面。虽然走了不少弯路，导致在步骤落实上比马云的阿里巴巴慢了一步，但这丝毫没有影响雷军的雄心壮志。

做B2C，是大势所趋，纵使因此与原本的创业伙伴分道扬镳，雷军心里虽有遗憾，却不后悔。做事业，本该大刀阔斧、奋发昂扬，如果畏首畏尾、亦步亦趋，如何才能实现心中梦想？这就是雷军的决心和勇气。

卓越独立，雷军有了自己的地盘

2000年5月11日，雷军在北京香格里拉大宴会厅召开发布会，他激动地宣布“卓越计划”（即“尼罗河计划”）正式开启。就在这一天，卓越网脱离了金山的事业部，可以说，雷军有了自己的地盘。

卓越的员工们在王树彤等人的带领下，为已经宣布独立的卓越网筹谋奔波着，不遗余力地奉献着汗水和心血。他们只花了短短的两天时间，便为卓越网定下了新的办公地点，在紫金大厦的第20层。他们就像是装扮自己的新家一样装扮着新的办公室，浑身上下都充满了力气。这股热情来自心底那股热切的期盼。

很久以后，王晓彤回忆说，那时候办公室还没有装修好，她就天天待在办公室楼下的餐厅等着。她一整天都坐在那里，和不同的人讲着不同的事情，叫他们怎么做计划，写报告，完全不理会餐厅其余人的眼光。

卓越的员工相继搬入了新的办公室，他们有了一股奇特的归属感。这将是他们奋斗的起点。卓越网joyo.com很快被注册了下来，雷军大呼一口气，撸起袖子，便投入了紧张的工作中。

如今，网络购物对于我们，已经算是一件司空见惯的事情。对于那时的人们来说，他们却很难想象，互联网如何和超市、商场结合在一起。雷军、王树彤和陈年这三个人虽然很看好电子商务的前景，但在这之前却都没有过电子商务的实战经验。卓越网独立后，怎么开展下一步行动，他们心里都很迷茫。但好在这三个人都有着不俗的眼光和见识，都称得上是极靠谱的商人。

王树彤在商场上是一位当之无愧的女强人，她曾在微软和思科做市场，早已创下一番功绩。陈年是个书商，在《好书》《书评周刊》的创业道路上修炼出了一身的好本领。雷军从一名普通的程序员做到了金山的CEO，又岂是普通的人物。虽然没有做过电子商务，不代表他们一定做不好这个东西。他们干脆将互联网看作是一个平台，电子商务无非就是在互联网这个平台上去卖东西，没有那么神秘复杂。

雷军、王树彤、陈年从商人的角度出发，用自己擅长的领域去诠释所谓的电子商务，反而起到了绝妙的效果。

随着“卓越计划”的展开，一个月内，卓越网铺开了一整条“尼罗河”，业务覆盖电子商务、版权发行、IT资讯等领域，王菲与那英演唱会、卫慧写真集等项目也相继推出。两个月后，卓越网新招进100多个新员工，大家摩拳擦掌，对卓越网的未来信心十足。

然而，这热情很快便迎来了第一盆冷水。王菲与那英演唱会的项目因种种原因被叫停，卫慧写真集即将推出的前夕，卫慧本人却遭到了封杀。除此之外，出版方面的销量一日比一日差，根本不符合预期。这一拨拨打击让卓越人懵在了原地……

雷军事后总结认识到，卓越网开始转型的时候，这“尼罗河”铺得实在是太宽，野心实在是太大，非但没有形成一个齐头并进的繁荣景象，反而造成了“一潭死水”的局面。

雷军反思良久后，采取了新的计划。他知道，凡事皆是有舍才有得，一棵树想要长大，在它不那么强大的时候，只有砍掉多余的枝桠，专注在“成长壮大”这件事本身之上，才能一步步稳健地走下去。

卓越网目前就相当于一棵小树苗，而不是一条大河，先得生存下去，才能谈发展。只有默默积聚实力，专注于当前最要紧的事情上，才能迎来“肆意奔腾一泻千里”的那一天。很快，他便砍掉了卓越网的音乐事业部，紧接着又取消了图书和软件的发行等多个项目。

雷军越来越觉得，此时的卓越网，需要走的是“精品”路线。彼时，亚马逊的势头如火如荼，是全球知名的网上零售商，将卓越网做成中国的亚马逊是那时候雷军最大的梦想。一开始，卓越网完全照搬亚马逊的模式，只卖有限商品，在交货时间的保证上极其严格。但卓越网转型后的发展并不顺利，之后的一系列打击让雷军彻底明白，实力还很虚弱的卓越网决不能照搬亚马逊的发展历史，它得走出属于自己的一条路出来。

雷军不停地与卓越网的几个负责人开会商讨卓越网的具体营销方式，最终，大家都对雷军的“精品路线”有了兴趣。走“精品路线”，意味着卓越网的供货品种的数量必然会降低，同时保证充足的库存和时间较短的供货周期，这就使得卓越网的交货时间成了优势，客户对于产品的信任度也就一步步培养了出来。

雷军很勤奋，每天上班，正式开始工作前，他都要先上卓越网进行一番浏览，下班后，他又会召集卓越其他管理人员、员工进行讨论。网站每当有新产品、新功能面世，雷军都会把自己放在用户的角度上，不厌其烦地去体验。在努力的过程中，卓越进一步的发展轮廓在雷军的脑海里越来越清晰，卓越网也迎来了好时机。

那时候，卓越网卖得最好的一套书是《加菲猫》。这本书是陈年朋友做的书，原本定价99元，但因为陈年这层关系，卓越网可以用三折的价格拿货。雷军当即决定，先将暂时的利益放在一边，宁愿《加菲猫》不赚钱，也要利用它打出知名度。《加菲猫》在卓越网上只卖29元，受到了读者的热捧，卓越网因此一下子走进了读者的视线。

之后，电影《大话西游》在互联网上突然爆红，但它的VCD在书店和商场的销量却很差。陈年很喜欢这部电影，有一天他听到电影圈里的朋友说，某出版社积压了一批《大话西游》的VCD，想要低价处理，陈年眼前一亮，赶紧联系了这家出版社，将这批VCD买了下来。很快，卓越网便卖起了《大话西游》的VCD，一开始定价40元，之后又降到了20元。要知道，那时候正版的《大话西游》VCD在有些地方卖到了70元，而卓越网上20元的定价，几乎跟盗版一个价钱。

听说了这个好消息，电影爱好者们蜂拥而至，《大话西游》VCD的销量一飙再飙，最高的时候一天能卖5000多套，这批货在极短的时间便售卖一空。陈年又找到了那家出版社，重新做了一批，前后算起来，差不多卖了10万多套，越来越多的人关注到了卓越网。

2000年7月，卓越网将出版社所有的《大话西游》的VCD买了下来，全部拿到网站上售卖，标价低到离谱，一套只需4元。卓越网原本计划着售卖一周，却不得不在第二天便停止了售卖。原来，上架的第一天，这批VCD便卖掉了5000多套，到了第二天中午，《大话西游》的VCD被网民们抢购一空。

活动结束后，员工们一清算，发现卓越网在此次活动中一共亏损了不到4万元。面对这个结果，雷军喜气洋洋，在他看来，卓越是在花4万元买一个好口碑。如果将这4万元归结为广告费用，那卓越这次付出的广告费还真值。的确，这件事后，卓越网在人们心中的印象越来越深刻。

这是卓越独立后打的第一场胜仗。随着卓越网的发展越来越接近正轨，雷军的整个心态和思路也发生了微妙的变化，他对互联网的认识一步步清晰了起来。

第八章

得失卓越，创业就像跳悬崖

盈利是卓越的生命线，也是死亡线

在商场上，盈利最重要。盈利直接决定着你的存活与否，如果你做不到盈利，连活都难以活下去，更遑论发展壮大了。对于企业来说，保证持续不断的盈利，企业才能生存下去，这便是企业的生命线。盈利持续低迷聊胜于无，企业必然将迎来最坏的结局，所以说，盈利同时也是一条死亡线。

盈利同样是卓越的生命线和死亡线。雷军之所以下定决心，让卓越网放弃软件下载网站的定位，转型为电子商务公司，正是出于盈利的考虑。2000年5月，卓越网宣布独立，一门心思做起了电子商务。员工们志气高涨，原本以为会迎来一个“开门红”，想不到一盆盆冷水浇得大家那叫一个透心凉。卓越网的盈利步伐走得比预期要慢得多。

陈年作为卓越网的副总裁，越来越为这个问题发愁。陈年大学肄业后，倒卖过钢材，收集过建材信息，后来担任过《好书》的主编，随后创办了文化界知名刊物《书评周刊》，在这之后跟随着雷军一头扎进了互联网行业，可谓履历丰富，经验充足。而将他所有的经验汇聚成一句话，就是陈年后来提出的：“现实社会有时候会很势利，这个时代证明自己的最好办法就是挣更多的钱，证明自己的选择没错。”

他加盟卓越网，担任副总裁之后，自觉肩上的担子沉重，他立誓要让卓越网早日“脱贫”，实现盈利。

2000年5月，“尼罗河计划”实施后，陈年为卓越网忙前忙后，绞尽脑汁地思索着让网站盈利的方法。之后，《大话西游》VCD在卓越网上掀起了一股强劲的热潮，极大地提升了网站的知名度。这份功劳，很大一部分都得益于陈年。他又继续挖掘出《钱钟书全集》《加菲猫》以及黄仁宇系列，将它们通通搬上互联网，使得卓越网变得越来越丰富起来。

在雷军和陈年的努力下，卓越网终于进入到盈利的阶段。2000年8月，卓越网上《东京爱情故事》VCD的销量飙升，算下来，一个月的销量便抵得上北京音像批发中心两个月的总进货量，而《加菲猫》影碟系列三个月的销量便相当于西单图书大厦五年的销量综合，这个数据让雷军欣喜若狂。

到了11月，卓越网的日销售额成功地突破了15万元。仅仅两个月后，又连破25万元的大关。卓越网焕发出了强劲的生命力，雷军觉得，属于卓越的“春天”终于来了。

就在他摩拳擦掌踌躇满志，准备大干一场的时候，一场猝不及防的巨浪却来势凶猛，劈头盖脸地砸在他的头上……

2003年的那场巨浪让很多人迄今为止都记忆犹新。那一年，“非典”肆虐全国，很多创业队伍都迫不得已停下了脚步。那一年，“非典”的阴影遮住了人们眼里的欢笑、心里的阳光，连脚下的路也变得越发艰难起来。金山办公室里人去楼空，大部分业务被迫暂停，紫金大厦里的卓越网也全面进入了休假状态。尽管外面病魔肆虐，雷军却不敢休息，他也没有这个心思去休息。他越是算账越是心急如焚。

幸运的是，两个月后，“非典”的疫情终于得到控制。很多在“非典”期间遭受重创的互联网创业公司一步步站了起来，整个互联网世界又沸腾起来了。经过一段时间的复苏、完善之后，各个互联网网站发展的势头越来越猛。2003年4月起，当当网的访问量稳步上升，跟往年同期相比，足足多了一倍。而卓越网的图书销售额差不多达到了1000万元，还曾创下五天突破1500万元的记录。

有些员工为这些数据欢欣鼓舞，雷军却暗暗心惊。在这些振奋人心的数据下，隐藏着一个事实，那就是卓越网根本没有获得多少盈利。为什么这么说呢？2003年，卓越网的年度业绩是1.5亿元。看似很可观，可相对于卓越网的支出来说，根本不值一提。卓越网主营的产品价格很低，虽然吸引来了巨额的销售额，但与此同时，公司在客服和物流方面的支出也在不断增长，快速增长的销售额迅速被越来越庞大的支出吞噬掉，纯利润变得所剩无几。简单来说，当时的卓越网只能够达到收支平衡的状态。

雷军说："以卓越目前的盈利形势来看，股东们想要收回投资恐怕还需要10到20年。"

这个事实不由让人心灰意冷。细究当时的大背景，我们便会知道，2003年，互联网行业正处于一个"烧钱"的阶段，对于电子商务网站来说，"烧钱"是必经的一条路。对此，雷军说："卓越网站的目标是在中国达到10亿元的电子商务规模，并且它还有很大的野心，想要成为中国电商行业的领导者。出于这个目的，就需要带动整个产业吸引更多的人来习惯电子商务，需要更多的人到卓越网上来购物。因此，在做电子商务方面需要很大的投入，特别是吸引客户来选择这种购物方式的过程当中，投入的资金远远要比想象的多。卓越网目前正处在这个急速发展的阶段，还需要大量资金的投入。"

钱不得不"烧"，盈利却远远低于预期，这让雷军渐渐感觉力不从心。他一早就断言，电子商务之间的价格战会分外残酷。卓越的对手众多，如果在价格战下，对手亏损一块，拥有着巨额客户群的卓越就得亏损三块、十块，甚至更多。这无异于"杀敌一万，自损三千"。面对目前这个局面，雷军心急如焚，他眼前只有一条路：断续融资。

引入注资，雷军第一次与风投结缘

卓越网的知名度越来越大，拥有的客户群也越来越多，然而，它长期不盈利的情况却让雷军焦急不已，也让股东们恼火至极。雷军知道，想要解决当前的危机，当务之急，得尽快引入注资，增加卓越网的后备力量和竞争实力。

想要拉投资，首先要选定合适的投资商。雷军想到了联想。联想于2000年分拆，朱立南领衔的联想投资接管了投资业务部。那时候，联想刚从香港二级市场中圈来了一笔巨额资金，达到10亿元之多。联想内部商议，决定将这笔钱投资于互联网行业。正巧，雷军找到了朱立南，一番详谈之下，很快便决定合作。其实早在1998年，联想就曾注资过金山，雷军和对方算是“老相识”了，对于彼此知之甚多。有着这一层关系，联想又正苦恼于不知该投资哪家网站，雷军此番来谈注资卓越网的项目，正中联想的下怀。联想便顺理成章地成为卓越网的一家投资方。同时，卓越那时候还隶属于金山软件，金山对于卓越的投资也是必不可少的。

之后，加上金山控股和联想投资，以及卓越网总裁王树彤的40万元和雷军的个人投资，最后，卓越网账户上的现金达到了2000万元人民币。其中，金山控股投资1000万元，占据卓越网70%的股份；联想投资600万元，差不多占据了30%的股份。这是卓越最早期的时候拉到的资金。

“非典”之后，卓越的发展进入正轨，声势越来越高，支出越来越庞大，前期的投资对于现阶段卓越网的运行变得艰难起来，当初卓越网刚刚起步，每天只需处理100张订单，工作很是轻松，到了后来，订单如“雪片”般飞来，投入越来越大，员工们越来越忙，卓越的库房也变得不够用起来。最忙的时候，卓越的所有员工都赶到了库房去做包装。

后来，卓越一天能够接到1000单，10000单，甚至更多的时候，卓越所面临的不仅仅是库房不够用这么简单了。我们可以先来简单了解下10万单的概念，3万平方米、6个标准足球场那么大的库房才能接纳这10万单的货品。如果这3万平方米的库房里，摆满了货架，每个货架差不多需要1500元，一共需要3000万元。之后，货架上装上货，再装备流水线，没有7000万元根本拿不下来。

撇去这些投入不算，光说物流和配送，就足够让卓越头疼不已。中国与美国不一样，后者有DHL和UPS，我们却没有。为了解决物流和配送的问题，卓越网一开始试用了很多公司，却都无可奈何地弃用了。有些物流公司内部管理有问题，出了一大堆配送员携款潜逃、仓库着火之类的问题。有的物流公司只看重眼前利益，在与卓越的合作中发生了很多不愉快的事。经历这一切后，卓越干脆自己挑起了物流和配送的重担。雷军明白，如果4-20小时到货的承诺总是无法兑现，卓越网的声誉会大受损伤，之后再想挽回就难了。

这不是一件简单的事情，没有三五年的时间，根本无法将全国性的物流中心建立起来。这个过程中，更需要有充足的资金去支持，至少得需要3000万美元。

除此之外，不可忽略的还有信息系统。亚马逊很重视信息系统的完善，它甚至在这方面投入了10亿美元的资金，即便在互联网最低谷的时候，亚马逊也一直保持着一两百人的研发队伍，针对客户分析、产品追踪方面，孜孜不倦地做着研究，积聚着实力。这对雷军启发很大，他知道，想要将卓越做大做强，做成中国的亚马逊，信息系统方面的投资是必不可少的。

基于以上种种，卓越在一开始拉来的2000万元的投资并没有能够支撑太久的时间。卓越网迟迟不盈利，后续资金又迟迟不到位，卓越网局限在这种困境里，越发捉襟见肘起来。

为今之计，只能继续拉投资。2001年年初，在雷军的努力下，终于从香港和台湾的一些机构投资方处拉来了2500万元的资金。这些资金听起来数目庞大，也仅仅只能维持卓越在北京、上海、广东三地的网上业务，不能促成进一步的发展壮大。

那个时期，金山将目光投注到了WPS的研发和网游市场上，实在没有多余的精力去“照顾”卓越。而联想也将第一期投资尽数投入到了14个中小企业之中，对于卓越也是爱莫能助。眼瞧着希望都落了空，雷军整宿整宿地睡不着觉。他咬牙坚持着，从来没有想过放弃。

好在卓越终于等来了转机，卓越网迎来了第三次投资，雷军第一次与风投结缘。

2002年年底，美国老虎科技基金对卓越网表现出了极大的兴趣，他们主动找到了雷军，直截了当地向雷军抛出了一个问题：卓越究竟需要多少钱?

雷军压抑住了内心的兴奋，深思熟虑之后，接受了5200万元的投资。雷军考虑得深远，虽然完全可以从老虎科技方拉来更多投资，但金山和联想肯定不会希望被过度摊薄股权。

5200万的资金到账后，雷军心里好比吃了一颗“定心丸”。2003年4月，卓越网开始有了盈利的迹象，虽然只是少量，却能够帮助卓越网实现2003年收支平衡的状态。只是让雷军没想到的是，好景不长，这种盈利“昙花一现”后便消失了。那时候，正是互联网的垦荒时代，电子商务相比于短信、网游这些线上业务来说，成长的过程中变数太大，至于盈不盈利，决定性的因素太多。

B2C需要做的线下功夫太多，线下做得不好，机遇也就流失得越来越多。卓越网前前后后获得了好几笔大额投资，在盈利上却始终无法给人一个满意的结果，这让越来越多的人失去了耐心。在众多唱衰的声音中，偶尔也有一两个支持的声音。有个VC（风险投资人）就曾对雷军说，零售行业出现了上千年，软件的出现也才几十年，网上零售前景巨大，注定是个长久的生意，只要卓越网能够坚持下去，肯定能看到曙光。

虽然雷军对此深信不疑，却也知前路艰辛。

2004年2月，卓越开始了第四次融资。就在这个月，将B2C做到了极致的亚马逊突然拜访了卓越网和当当网。3月份，亚马逊单独拜访了卓越网，并向其伸出了橄榄枝。

在亚马逊对卓越的第四次融资中，雷军痛苦地放弃了卓越网的所有权，而亚马逊则将卓越网全资并购，纳入麾下。太多人将雷军这一路的艰辛看在了眼里，他们大多十分惋惜于雷军的“自断手臂”。而对于雷军来说，恐怕没有人比他更痛苦。也没有人比他更明白，留给他的选择不多，为了将卓越网放到最合适的位置上，他只能忍痛放手。

出让卓越，雷军的“净身出户”

雷军曾经说过，在中国做B2C，变故太多。对于很多互联网的线上业务来说，想要实现盈利有的是渠道。而对于B2C来说，想要落地，就必须和线下的传统产业拴在一起大步朝前走。线下付出五分的努力，线上才可能迎来一分的成长。雷军说，这很需要点愚公移山的精神。

中国商业环境里的木桶效应太明显了，那个年代，传统短板太多，网络这块板也被拖了后腿。做B2C太难了，投入太高，短期内看不见收益的苗头，若是耗下去，也许最终会落到无路可退的地步。

很多人说，雷军做B2C，看来是棋差一着，走错了。

雷军却摇摇头。他很不认同这个说法，看待问题，永远不能脱离客观情况，何况塞翁失马，焉知非福。

在与亚马逊谈融资的过程中，雷军耗费了所有的心力，只希望能够为卓越网谋求一个最合适的位置。最初，出现在他脑海中的，是三个清晰的方案。

第一，就像谷歌注资百度一样，亚马逊持小股。第二，像IAC集团控股E龙一样，亚马逊持大股。第三，像雅虎买3721，eBay收购易趣一样，亚马逊对卓越全资收购。

中国的电子商务正处于“烧钱”阶段，很多新创业团队压力不断。那一时期，互联网并购层出不穷，尽管创始人谁也不忍心将一手养大的孩子卖掉，在大环境的逼迫下却也不得不选择这一条路。然而，谁也没想到的是，雷军竟做出了“净身出户”的决定。邵亦波尽管卖掉了易趣，却继续待在了ebay，周鸿祎尽管卖掉了3721，却留在了雅虎。与他们不同，雷军毅然决然选择了“净身出户”。

说是“净身出户”，但雷军毕竟在这场交易里获得了不少收益，而这笔收益也为雷军之后做天使投资人打下了坚实的基础。

之所以选这条路，是因为他没有更好的选择。

第一种方案，亚马逊根本不同意，他们的目标原本就是庞大的中国市场，他们不会放弃强力介入的机会。第二种方案，卓越方不会答应，卓越相比亚马逊来说，实在是太弱小了。亚马逊一旦增资，金山和联想未必跟得起，如果跟不起，只能黯然出局。就算亚马逊不采取其他的手段，只要它没有再次上市的打算，金山和联想就根本没有套现退出的机会。

只剩下第三种方案，全资并购。

2004年2月16日，卓越网内部放出消息说：“亚马逊人员连续三天在卓越网，并且还与包括柳传志在内的联想高层进行了会谈。”在那三天，除了会见高层，亚马逊的相关负责人还考察了卓越网正在扩建的呼叫中心和物流中心。2004年4月，卓越网和亚马逊之间的讨论进入到白热化的阶段。随后，卓越收到了一份沉甸甸的合作意向书。5月底，卓越董事会终于下了最后的决定，一切尘埃落定。

2004年8月9日，亚马逊正式签约收购卓越，雷军不再是卓越的董事长。他心里沉重异常，卓越网由他一手创办，走至如今，他已经做了所有他能够做的。

这段时间以来，卖与不卖的念头在他脑海中盘旋已久，每次想到，都如鲠在喉。但这最后的决定终究不是他能够决定得了的，董事会牢牢将这权力掌握在手中。

在这最后的决定下来之前，雷军其实有想过去找VC进行融资，避免卓越走上被卖掉的绝路。按照当时的情况来说，虽然很多人都倾向于第三条方案全资并购，但除此之外，卓越还有一条险路，那就是向VC进行融资。但老实说，雷军对这条险路并无把握，这条路比他预期的还要危险得多。

卓越创办初期，金山和联想一共向卓越投资1600万元，之后又有VC先后投入920万美元。这使得金山的股权一再被稀释，甚至低于50%。然而这些巨额投资都没有让卓越实现稳健的盈利，想要达到这个目标，卓越还需要至少数千万美元的投资。随着投资的数目越来越庞大，卓越的股份不断被稀释，直到有一天完全失去主导权，从“游戏”中被踢出局。

找VC进行融资的想法最终被雷军放弃。五六年前国内互联网刚刚兴起的时候，VC对于各路创业者很是追捧，对于投资很大方。到了2000年市场泡沫破灭，VC变得谨慎得多。即使VC愿意出钱，却要求掌握绝对的控股权，这也是卓越吃不消的。

雷军也考虑过银行借贷的渠道，但在现实生活中，银行与互联网基本没什么关系，且银行向来救急不救穷，这个想法明显也不靠谱。

雷军想破了脑袋，也没能阻止卓越网被卖掉的命运。亚马逊花了

7500万元，终于得到了卓越。面对这个结局，雷军备受打击。面对新闻媒体的采访，雷军能推就推，一方面他心情实在太过沉痛，并不想细说感受；另一方面，卓越并购案牵连甚广，碍于大股东金山和联想，雷军也不能多说。

雷军的痛苦被很多人看在了眼里，一些人不解地问雷军，既然这么不舍得卓越，为何一定要卖掉呢？实际上答案呼之欲出，正如金山公关总监徐晓辉所说："不卖又能怎么样？难道像当当网一样继续亏损下去吗？"是啊，不卖又能怎么样，没钱，只能卖掉。

不仅如此，雷军还要考虑卓越的未来。这是他能够为卓越筹谋的最好的归宿了。2004年年底，雷军谈到卓越的并购案时说："双方都能接受的就是一个好交易，如果这家公司将来成为一个非常成功的公司，我个人更多的是觉得骄傲和自豪，而创业者的荣耀或许就在这里。"是啊，如果卓越能够站在合适的风口上一飞冲天，他会因此无比自豪。

然而，眼瞧着雷军"净身出户"，还是有人暗地里说，雷军当初就不该做B2C，这下子"竹篮打水一场空"。对于这个说法，雷军却毫不留情地给予了回击。从卓越网创办至今，他获得的经验、感悟远远超过常人的想象。出让卓越之后，雷军潜心思索，对互联网方法论、口碑效应、风投、并购等方面又有了新的领悟。

第九章

上市巅峰之后是功成身退

19年拼上市，金山人血都快被熬干了

《左传·曹刿论战》篇中，有“一鼓作气，再而衰，三而竭”的说法，为人处世，若不能迅速达成目标，则会束手束脚，裹足不前。

身体上的折磨可以忍受，心境的折磨则会将人弄得疲惫不堪，甚至绝望。金山的上市就是这样。

2007年，金山在香港上市，很多人欢欣鼓舞，但雷军却意味深长的总结道：“这一步，我们走了多年，每一步都很累，但现在回过头来看看，每一步都很值得。”

雷军的这些话，背后是有故事的。

1998年8月，金山得到联想注资，金山人的底气足了起来。雷军时任金山总经理，也踌躇满志，欲冲击IPO，在香港上市。之所以选择在香港上市，是因为当时内地大多数IT企业都是在这里上市的。雷军当时是这样想的：金山要在3年内实现香港上市，在5年内成为国内最受尊重的软件企业，10年内成为国际化软件企业。以金山当时的条件来说，是可以在香港地区的创业板上市的，但考虑到亚洲金融危机的影响，香港创业板市场只有三四家公司的股价在IPO发行价之上，金山第

一次冲击IPO的计划失败了。

正当金山失望时，1999年3月，证监会提出“可以考虑在沪深交易所内设立科技企业板块”，在这之后，“5·19”行情展开了。到了2000年10月的时候，深圳停发新股，开始筹建创业板。内地开放创业板的消息传到了每一个商界人耳中，自然也包括雷军。雷军得到这个消息后，立即改变策略，将上市的目光转向了内地，寄希望于酝酿中的创业板或者A股市场，实现金山的上市。

雷军对当时的深圳创业板是非常看好的，他说：“我们当时的业绩一定会比新浪、搜狐等网站要好，因为这些公司在当时亏损得一塌糊涂，而金山在那个阶段已经是相当有实力的公司了。”求伯君也认同雷军的策略，他感觉在纳斯达克交易所上市没什么意义，在香港上市的意义也不大，现在既然内地有了创业板，民营企业也能上市，那么金山的首选就是深圳创业板。

可是，命运似乎特别爱跟雷军开玩笑。由于那一年的全球网络泡沫化让美国纳斯达克市场惨不忍睹，“榜样”跌倒了，中国的创业板也冷了下来，雷军和求伯君的上市计划再次被推后。

国内的许多互联网企业也受到波及，其中不乏新浪、搜狐和网易等大型互联网公司，但由于他们已经上市，资金充裕，资本市场帮助他们度过了这场“互联网寒冬”。在当时，比如搜狐在国内外银行共有6000万美元的存款，这些存款足够他们用上三年。

上市公司由于资金的支撑而得到喘息的机会，而那些没有上市的公司，则举步维艰，四处碰壁。雷军曾发出过这样的苦恼：“为什么有人付出百分百的努力只能换回百分之二十的增长？反之，有人付出百分之二十的努力，却能获得百分百的回报？”

这一次的打击对雷军来说是巨大的，他甚至陷入深深的自我怀疑中，为什么其他的公司，6到12个月就搞定了，而对于金山来说，路则要难走得多？难道是他们走错了路吗？

尽管如此，慢慢将心态摆正的雷军，继续为金山上市寻找机会。

2002年，股市低迷，主板上市也有了要求：连续3年盈利。这样的要求，一下子把雷军的手脚都束缚了起来。为了保证企业连续3年盈利，他们在投资和业务策略上不得不多加变革，钱花得小心翼翼。他们害怕，一花钱就会产生费用，产生亏损，继而达不到上市的要求。

连续受挫使得许多人对金山产生了怀疑：是不是金山的盘子太小，主板很难接纳?

对于外界的声音，雷军并未出言解释，他只是说："金山的融资没有任何问题，主板不行还有H股，H股不行还可以私募，以金山的品牌，现在还有20多个VC在排队等着呢！"

他是这么说的，也是这么做的。

可以说，没有哪一家公司的上市，企业负责人如雷军那般，全力以赴、心力交瘁。

加入金山16年，担任金山总经理9年，历经金山5次上市的雷军，在业界有着"最勤奋CEO"之称。据求伯君所说，雷军在金山工作的16年，几乎是超负荷运转，完全没有外人想象的那样轻松。即便是金山在香港上市前夕，雷军也雷打不动地工作到夜间11点。

雷军是一个很爱玩的人，他爱滑雪，也爱围棋，但为了金山，他刻意收敛了这些爱好，按他的说法是，自己一言一行都代表着公司的形象，那些个性极强的东西不适合在外界表现出来。

2003年，国内网游市场火爆，雷军决定进军网游界，将上市的计划先放一放。

"我们准备了8000万元人民币，决定孤注一掷，把网游拿下，这一年是我们唯一亏损的一年。"

在雷军的带领下，金山在网游业务上大获全胜，公司的盈利大幅上升，雷军觉得，此次的上市必定是万无一失的。这一次，雷军把目光投向美国纳斯达克交易所，因为当时该交易所正在热烈追捧网络游戏概念股。然而美国国会和政府加速通过的《萨班斯法案》，提高了相关审查制度，将金山再次挡在了外面。

一次又一次的上市——失败——上市——失败，几乎将整个金山都折磨疯了。雷军也承受着巨大的压力，但这一次，他隐隐约约觉得，曙光来临了。一个企业的运气会在某个时刻坏一下，但不会无休止地往下落，总有触底反弹的时刻。果然，2006年8月，金山成功地获得了一笔来自GIC、英特尔投资、新宏远创基金的风险投资。这一笔总额达7200万美元的风险投资，帮助金山成功地启动了香港主板上市计划，为雷军多年的上市梦画上了一个完美的句号。

在金山上市后，雷军说了一句话："到今天为止，在中国，有任何一家面对消费者的通用软件公司上市吗？没有。金山是第一家。"为了这个时刻，他们整整奋斗了8年的时间，而金山却等待了19年。雷军说，没有前几次的失败，就没有今天成功上市的甜蜜，平坦的路容易让人忽视风景，只有曲折的求胜之路，才值得庆贺，并被所有的后来人铭记。

全球路演，雷军见了 173 家投资者

"工欲善其事，必先利其器。"金山上市之前，雷军和求伯君一直忙于全球路演，力求获得投资者的青睐，从而顺利上市。

2007年9月18日，金山上市路演的第一场投资者推介会在香港举行。与会者众多，其中不乏老牌投资客，金山高管、雷曼兄弟、德意志银行的代表。在路演大会上，雷军介绍了金山软件的辉煌历史及可预期的未来。

在上市前后，作为金山掌舵人的雷军忙得脚不沾地，每时每刻都

在解答投资人的问题，为金山的上市做最后的冲刺。《21世纪经济报道》的记者侯继勇这样写道："早上6点准时起床，与国内的同事和亲人通电话，并收发邮件；7点拖着行李箱出酒店用早餐；8点会见投资者；下午2点，搭乘飞机到下一站——纽约。这是伦敦时间9月24日雷军一天的行程。"

人类身体的负荷有限，雷军也有生理极限，但一想到金山的使命，一想到金山多年上市而不可得，而曙光就在前头，他浑身就充满了劲，疲惫感马上被兴奋感所取代。沉甸甸的责任压在心头，他并不觉得累，反而觉得被寄予厚望。而这种厚望，让他干劲十足。

辛勤的劳动是有回报的，在经过现场的产品演示及金山高管的介绍后，投资者对金山软件产生了很大的兴趣。表现在财务上，则是金山上市第一天，股价涨幅近40%。在香港地区，更是获得了2.5倍的机构超值认购，以及散户高达12.2倍之高的认购倍数，仅第一天的融资便达到6.261亿港元。

这样骄人的成绩，离不开"金山人"的努力，当然更离不开雷军的奉献。金山上市之前，雷军和求伯君一直奔波于新加坡、伦敦、波士顿、旧金山、洛杉矶、香港等地，为金山的首次公开招募做全球路演，他们一共接待了173家投资者。

"173家，173家投资者。"雷军说。在全球各地的奔波路演中，雷军一共见了173家投资者，这中间不乏顶尖投资客和老谋深算的投资高手，他们对金山的上市都给予极大的关注，但雷军分给每一个投资者的时间只有45分钟。在这45分钟内，雷军将公司的策略快速地传达给投资人，加深他们对金山品牌的认知度，以保证金山证券的成功发行。

而在这45分钟里，能被充分利用的也不过是20多分钟，投资者没有耐心听过于细节的事务，他们想要的是，认购金山所带来的好处，利益最大化是他们追求的唯一目标。

雷军的表现在路演中无疑是优秀的，这点从金山上市后的成绩不难看出。外界对金山的表现感到讶异，原因便是，如百度、盛大等互联网公司，以专一的搜索和网游业务赢得了投资者的青睐，而像金山这样的网络游戏和软件业务打包上市的企业，该怎样阐述自身的竞争力，从而争取投资者的信任呢？毕竟当时的主流思想是：只有广度而没有深度，难以长久发展。

雷军是如何打破这个谣言的呢？

对于这样的疑问，雷军以一句英文“proven ability and experience”做了解答。这句英文翻译过来就是：被证实的能力和经验。金山走了19年，远超那些目光短浅的企业，金山不单盈利，更是在不断开拓着软件市场的消费需求。如果金山没有内在的活力和创新力，是很难存活19年的。“路演”本身就是证券发行人和投资者之间在充分交流的条件下促成股票成功发行的推介手段，而他便是从这点出发来向投资者做了阐述。金山的发展方向，是一种历史必然。未来是很难预测的，在如今的方向选择上，金山只是向投资者证明了一个道理：市场的任何变化，金山都能跟得上。

雷军也不认同外界对金山的看法，对那些认为金山业务不专一的想法，他嗤之以鼻。他坚定地相信，金山是最专一的。

在当今的互联网公司中，除百度是百分百聚焦搜索外，其他如盛大有起点中文网、机顶盒等，也都分流过许多业务来追赶市场热点。而金山的应用软件和网游模块，则是一种互通互补的协同效应，用雷军的话来讲：“业务越专注，越容易讲清楚。”

不然，投资者也不会认同雷军对金山的未来规划。

在投资路演中，雷军是这样规划的：在未来两到三年时间内，金山团队人数翻一番，从1000名到2000名，扩充研发队伍。从雷军对人才的重视上，我们也看到了金山力图进取的野心。

有人曾经问雷军，在路演过程中遇到的173家投资者的提问中，让他印象最深的问题是什么？雷军说，印象最深的是，投资者问他：“有什么问题让你睡不着觉？”

雷军的回答是：“人。”

确切来说，是人才。金山是一个高科技的技术公司，人才是公司最大的资产。为了解决人才方面的问题，2007年2月1日，金山发放了一个海量期权。这笔期权下去，至少在4年内，会稳定金山的队伍，并使其更具备竞争力。期权发放最直接的结果便是，拥有期权的430多名员工中已经有超过100名的百万富翁。人才方面的待遇，无疑也是投资者最为看重的一点。让雷军比较欣慰的是，在路演过程中，遇到的很多投资者都是熟悉金山软件的，甚至其中还有一个美国投资者用过金山所有的产品，并给予了很高的评价。这给了雷军很大的信心和鼓励。因为，在很多人都觉得金山是做网游的时候，这些投资者已经从另外一个角度看到金山业绩的重要保证——软件业务的稳定增长。

金山未来的业务会更专注两个方向、三个核心模块上。这两个业务方向是网络游戏和软件，三个核心模块是WPS、毒霸和网络游戏。而在大的方向上，金山则会努力成为一家世界级的软件技术公司。

投资者的信任是金山上市的最好保证，自然也是对雷军在路演中表现的肯定和认可。在面对投资者的时候，雷军要做的并不只是讲解产品和回答问题这样嘴皮子上的工作，更多的则是承担巨大的精神压力。因为一旦自己出一点错误，给投资者留下一点不好的印象的话，就会对公司的上市带来不利的影响。在经过长达两周的路演之后，雷军带领他的团队回到了北京。雷军说：“路演期间，几乎每天晚上都会见到很多投资者，而且还需要做功课，尽管我们很兴奋，但真的是太累了。”2007年10月8日，金山奔赴香港上市，而雷军也终于可以好好地休息了。

上市后的路，该怎么走，谁都没有想法，但并不妨碍大家分享上市成功的喜悦。有人曾经在博文中写道：“金山的员工度过了一个真正的‘黄金周’。”的确，他们的国庆节过得无比充实，因为他们所为之奋斗的目标，终于实现，而他们也在追寻梦想的道路上，获得了肯定与尊重。

功成身退，上市之后雷军的选择是离开

上市之后该干什么？继续开拓市场攻占高地，还是彻夜狂欢高呼解放？毕竟苦熬8年的上市，失望过，痛苦过，绝望过，现在上市终于成功，回报也在即，怎能不让人欣喜若狂，舞之蹈之？而金山上市最大的功臣——雷军，无疑可以得到最大的赞美。

雷军自己也松了口气。金山终于上市了。

从22岁到38岁，从金山的第六位员工一路走到CEO，雷军总算完成了自己的使命。有人曾经问过雷军，金山上市之后，他最大的感受是什么？雷军笑言："无债一身轻。"

他兑现了自己的诺言。

"之前我开了很多空头支票，相比求伯君和张旋龙，我有更重的债。因为我每天都要面对着他们。这些人睡地铺，熬夜加班，自己苦哈哈地，却看着人家过小康生活。"如今，金山上市了，他的空头支票终于可以兑现了，心里自然是轻松无比。

他的心境也有了很大的改变。

金山挂牌之前，雷军的心情是前所未有的平静，这一瞬间的平静是极高贵的，仿佛是佛祖拈花一笑的淡然，万物无挂碍，片叶不沾身。

挂牌之后，一种前所未有的轻松笼罩住了他，同时，一阵倦怠也抓住了他。"金山上市之后，我休息了四周。但是在休完假回来，却仍然感觉累，身心疲惫。这样的身体状态是不能做好本职工作的，"雷军说，"像刚刚跑完马拉松一样，我需要休息。"

2007年12月20日，雷军毫无先兆地宣布，因为健康原因，辞去金山总裁兼CEO职务。

一手扶持的公司上市两个月后宣布辞职，如一滴水落入滚油中，瞬间爆炸起来。

对于雷军的离职，“旧”金山人是最为震惊的。不管是在抵抗微软的艰难时期，还是在漫长的上市过程中，雷军始终都守在金山的第一战线，金山人已将雷军视为英雄与功臣，感觉他是金山的精神支柱。金山人以为，这位已经与金山公司融为一体的人会把金山作为自己的归宿。

然而，雷军竟然宣布了辞职。

金山人感到了被抛弃的愤怒与彷徨。

人们不解、愤怒、悲伤，甚至金山内部传出了“飞鸟尽，良弓藏”的流言，说是求伯君与雷军的意见不合，导致雷军的离职。对于这样的猜测，求伯君是这样说的：“外界有传言可以理解，但是猜测却不真实。”

放弃这样唾手可得的名利，放弃那样巨大的头衔光环，雷军不是没有犹豫过，但他最后还是作了这个艰难的决定。

雷军只是累了而已。

雷军被称为是业界最勤奋的CEO，在金山担任CEO期间，他每天休息的时间不到5个小时。特别是在公司进入网游行业之后，他每天晚上更是要花至少3个小时亲自测试产品的质量。雷军的这种工作态度带动了整个公司的工作氛围，金山的加班风气保持了16年，公司所在的柏彦大厦19、20层的灯光，已经成为北四环深夜两点的一道风景线。

2007年下半年，金山上市最繁忙的时候，遇到雷军的人都说他瘦得厉害。一位金山员工曾透露：“他穿的衬衫从41码变成了38码。”雷军自己也说：“8年上市，一个正常人都给折腾出神经分裂了，更不要说自己了。”

雷军的疲惫，是身体和精神上的双重叠加。其实在金山后期，他就已经觉得不对了。雷军说：“当你坚信自己很强大的时候，像坦克车一样，逢山开路，遇水架桥，披荆斩棘。但是当你杀下来以后，遍体鳞伤，累得要死，你在想，别人成功咋就那么容易？”金山一天不上市，他就一天不会离开金山。因为，他想向世人证明，自己是功成身退，而非落败而逃。当金山上市了，他功成身退的时间就到了。

得知雷军辞职的那一刻，张旋龙十分生气。16年来，他第一次对雷军大发脾气。求伯君也是如此，雷军是提前一个月告诉求伯君自己准备离职的决定的，当时的求伯君几乎不敢相信这是雷军说的话。为了挽留雷军，求伯君同雷军彻夜长谈，但是结果并不理想。

16年的交往，每一个人都深谙雷军的性格，没有下定决心的话，雷军是不会轻易说出口的。他既然已经提出了辞职，这就表明他去意已决。董事会挽留的时候，雷军是这样说的：“我是创业时期的CEO。现在金山上市了，变成一家公众公司，是守业和继续壮大时期，这个时期对CEO的要求和创业时期并不一样。”最后，董事会无奈地接受了这份辞呈。

“我们也理解雷军，因为从1992年开始，特别是1998年担任公司一把手后，雷军面临了很大的精神与工作压力。所以，这次雷军说自己身体不好，肯定不是托辞。我们董事会对雷军的评价是‘鞠躬尽瘁，功在金山’，雷军就是金山的诸葛亮。”求伯君说。

而雷军也对自己的离职原因做了陈述，他说，过去的那些年里，他一直都觉得自己要还债，要还求伯君的知遇之恩，要把公司做到一定的规模，这样才能离开。如今的金山已经顺利上市，给股东、投资者和那些一起打拼的兄弟有了很好的交代，现在已经是他离开的时候了。

有一种鸟儿是永远也关不住的，因为它的每片羽翼都沾满了自由的光辉。人生的风景不止在一处，当雷军攻下金山这座大山时，那个从

22岁到38岁一直在金山工作的人满足了。但他不会停留太久，人生的风景永远在下一刻。就雷军来说，在金山的使命是完成金山的上市，而离开金山之后的使命，则是进击属于自己的人生。

对与错，离开金山的反思

莎士比亚说过“To be or not to be，that is the question”，人最大的矛盾，始终纠葛在自我与外界的抽离和对抗中。就像雷军离开金山一样，刚开始的离职是轻松的，但离职后带来的虚无，是雷军所不能看透的。

2007年10月，金山终于在香港上市了，这样的上市却让雷军感觉十分疲惫。金山越往后做，雷军对它曾经走过的商业道路和价值体系的怀疑就越强烈。金山不管是做软件，还是做游戏，甚至是做电子商务，都做到了细分领域的前几名，却成不了全球IT业的一流公司。最后熬了八年终于上市了，市值却只是一家主流互联网上市公司的零头。这时候的雷军，对以往开始了反思。

他觉得，需要跳出金山这个圈子，重新审视世界。

2007年12月，在金山公司所在的柏彦大厦，雷军处理完交接事宜，站起身来准备离开。当时雷军的心理活动如何，外人不得而知，但有人用笔记下了这个场景：“掐灭手中的烟头，雷军从办公室的沙发上站了起来，拎起双肩背包搭在背上。包比平时沉，他的动作跟平时比有些迟缓。”

一种“风萧萧兮易水寒”的悲壮感扑面而来。所有的离别都是苦涩的，更何况是雷军离开金山。

那时候的雷军，已一手将金山推向上市，被业界誉为大佬。但从这段话中不难看出，雷军对金山还是有留恋的。但留恋归留恋，理智告诉他要走，世界督促着他离开，雷军头也不回地离开了这个奋斗过的地方。

他曾经说过：“我是1992年1月4日加入金山的，2007年12月24日辞职，总共差了10来天，就正好整16年。”杨过等小龙女等了16年，而雷军在金山拼命了16年，冥冥中一样的坚持与等待，却在现实与虚拟中交相辉映。

对金山的割舍不下，让他总是故意去寻找某些偶遇，以此做彻底的告别。他有时也会回到柏彦大厦，却从未上去过，和旧部在楼下的烧烤店里聊一聊，谈谈金山的新产品等。连金山要继续给他配车和司机，雷军都拒绝了，一个人背着双肩包走来走去，在风雪中等待出租车。

有一位金山的员工在博客中这样描述雷军的离开：“来金山，如夏花之绚烂；离去，如秋叶之静美。”

雷军从来没有怀疑过离开金山的正确性，但确实疑惑这个决定做得是否仓促。从前风光的日子不再，离开金山的雷军，还能做些什么？

刚离开金山的那段时间，雷军是有些不知所措的。他说：“你从别人看你的眼光就能感觉到，那种心态真的不一样，我不想去批评别人，但那就是一种真实的生活，尤其是前半年，很别扭。后来想想，也没什么。”

一个劳模般的CEO，每天平均工作超过16个小时，这种工作习惯坚持了10多年，忽然他离开了，一下子成了“退休老干部”，离开了原来的舞台，生活变得万籁俱寂。

有时候，他会和朋友倾诉，说自己提前感受到了退休老干部的凄凉。

“那半年，没有一家媒体想要采访我，没有一个行业会议邀请我参加。我有的是时间，却没人记得我。我似乎被整个世界遗忘了，冷酷而现实。人情冷暖忽然间也明澈如镜。那个阶段，我变得一无所有，除了钱。”雷军说。

他一边思考一边总结，在金山，他有一群不错的好兄弟，但他也曾和一些人存在嫌隙。当时在金山的他并不明白，直到他辞职后，跳出金山的那个圈子，他才明白，所谓的嫌隙其实是自己的理想与现实之间的冲突罢了。从前的他很不解，觉得这样的冲突很可笑，后来明白了，做人做事，这样的冲突不可避免。

此时的雷军，内心已经完全想开了。对他来讲，离开金山，固然有很多的不舍，也可谓是一种打击，但未尝不是命运给他的一次帮助。只有真正跳出了那个圈子，以一种旁观者的角度来看待问题，才会有最完美的解决策略。

自己对金山的使命结束了，接下来，该是实现自我价值的时刻了。那就开创一家伟大的公司吧。

金山冲击IPO前8年的时间里，不少人问过雷军同样的问题，“为什么那么多人不如你，都能成功？”每次雷军被人问到这样的问题，都面红耳赤。的确，雷军少年成名，年纪轻轻已闯进人们的视野，名声大震。他跑得早，但在后来的岁月中，许多不如他的人却跑到了他的前面，这如何不刺激他的内心？

所以，他想，关于金山的IPO长跑结束了，自己应该把它当作对过去的一个完美告别，是时候归零了。这座山翻过去，应该去翻下一座山了。

1998年，雷军担任金山公司CEO。在这一年，还在方正公司写程序的周鸿祎放弃了传统软件业，带着5名员工创办了360公司。于此同一时期，百度、腾讯、阿里巴巴相继成立。这是“互联网热”的年代，互联网企业大有兴起之势，雷军并非没有看到。但他当时守的是一种知遇之恩，缺少的则是一种赌性。

离开金山后，他萌发出了建立一所类似美国硅谷那样的科技公司，打造出一家像美国苹果公司一样伟大的企业。

他在慢慢地寻找着机会，也终于发现，互联网大势不可阻挡，做事需要“顺势而为”。

2010年7月，雷军在微博上发表了对自己在40岁之前的人生反思：人欲即天理，更现实的人生观；顺势而为，不要做逆天的事情；颠覆创新，用真正的互联网精神重新思考；广结善缘，中国是人情社会；专注，少就是多。

每个人都有信仰的东西，金山曾经是雷军的信仰，告别了金山，而他所信仰的那些东西也瓦解得差不多了，在接近40岁的时候，所有的信仰骤然间“全面崩溃”。他说：“曾经的信仰没了，有人信仰金钱，有人信仰了乱七八糟的东西，最后你只能去寻找人生中最鼓舞你的那些东西。我还保持了心里那一点点的东西：我相信真善美。”这就是雷军对信仰的认识。

但他很快就找到了另外一种信仰。这主要得益于他在18岁的时候读的一本名为《硅谷之火》的书。这本书讲述的则是，乔布斯和沃兹尼亚克等一群人创造了苹果电脑改变世界的故事。

儒家讲“见贤思齐”，又说“高山仰止，景行行止。虽不能至，心向往之”。所有的伟大最开始都是建立在追随的步伐上，雷军也不例外。

他的内心燃烧着一把“硅谷之火”，而这把“硅谷之火”在雷军离开金山之后，似乎有了变大的趋势。对于这把火究竟能烧多旺，我们不妨拭目以待。

第十章

角色转变，从创客到天使投资人

雷军遭遇风险投资，钱原来可以这么赚

离开金山的时候，雷军与金山有竞业禁止协议：金山所有的业务他都不能做。

这样的协议，一下子就把雷军的步伐打乱了。他所懂得的，能干的，全部都是跟金山的业务有关。那些不擅长的领域，他一点思路也没有。

但毕竟经过了金山8年的IPO上市长跑之路，面对这样的囧境，雷军并不急躁。

他想，所有的事业都是从无到有，从1到100，一步一步踏实走出来的。谁也不能一蹴而就，一步登天。他决定先调整好自己的心态：什么都不做，什么都不去思考，也不要抱有什么目标，安安稳稳地过一段逍遥的日子，然后再去想自己能做的事情。

但谁都没有想到，他这样的误打误撞、逍遥自得的状态，反而为他撞出了另一条路出来。

雷军无意间接触的风险投资，成就了他天使投资人的身份，为他打造了一个不一样的舞台。原来钱还能这样赚！同时他也想明白了，

他虽然不做CEO了，但却可以用自己的资金和经验，创造出几家伟大的企业。

这样的想法，20岁的雷军不会想，30岁的雷军不敢想，但过了40的雷军，功成名就的雷军，却有足够的底气去想了。

雷军最早和“投资”接触是在1998年10月，结缘于联想入股金山。就在联想宣布入股的第二天，雷军就到港股市场上买了联想的股票，当时他想的是，既然联想投资了金山，那么他就通过股票看看这家公司到底怎样。当时的雷军，抱着的完全是知己知彼的策略想法，而无谋利的念头。

后来，他陆陆续续买过金蝶、方正、腾讯的股票，几乎全部都是他所熟悉的企业。低点入，高点出，盈利之后，雷军才意识到，风险投资虽然风险大，但收益更为巨大。

很多人是这样评价雷军的：在金山时期的他，风格趋于保守，或许是担责重大的原因，但他一跳出金山，性格中所蕴藏的进取、果敢则全部爆发了出来，投资也激进了许多。

关于投资，其实大致上应该分为两类人：一类人看好一个领域，拼上全部赌上一次；而另一类人则是研究十个领域，然后才决定究竟做哪个行业。但雷军则不一样，有位熟知雷军的投资人说，雷军的性格是到山穷水尽才肯放弃，而一旦做出决定之后，就会比任何人都彻底。换句话说，雷军的投资比较“狠”，他看中一个项目的话，就会推掉所有的事情全力以赴，别的投资者两周开完的会，雷军两天就能开完。

雷军的这种性格在投资UCWEB的时候表现得特别明显。UCWEB的创始人是何小鹏和梁捷，技术出身的他们为UCWEB确定的产品方向是手机网络浏览器。UCWEB即来源于“You Can Web”的缩写，意思就是：“你能够随时随地访问互联网”。不过，他们天才的设想却始终不能让公司走出资金紧张的窘境。最困难的时候，因为付不起房租，两人不得不在晚上扛着服务器，从一个办公室转战到另一个办公室。

网易创始人丁磊在得知何小鹏和梁捷的困境后，曾以个人的名义借给了他们80万元，这笔钱让UCWEB支撑了两年。然而，移动运营商在无线业务领域的强势和SP空间的狭小，让丁磊最终决心退出无线业务。红杉资本也自掏腰包为何小鹏和梁捷买了机票，请他们到北京陈述，不过投资还是没有谈成。

后来，多玩的创始人李学凌向何小鹏和梁捷介绍了联想投资的副总裁俞永福，在了解之后，俞永福决定投资UCWEB。但事情并非想象的那么顺利，最终只差一票被联想投资的内部决策会所否决。

当时的俞永福很沮丧地找到了雷军，他向雷军讲述UCWEB如何具有潜力，如何具有发展前景。

但当时的移动互联网行业并没有发展起来，行业前景不明朗，团队管理也是一个大问题，但雷军认为，这两个问题都有解决方案。

未来10年的热点最终将围绕手机产生，“在移动互联网上，这个领域最终可能产生全球伟大公司、市值超过10亿美元的企业，其他行业机会已经很小了”。

在听完俞永福对UCWEB的陈述后，雷军当即答应对UCWEB投资，但附加的条件是，俞永福必须跳出联想，主持UCWEB。

雷军是这么动员的：“我跟他说UCWEB有机会做成下一个Google，人生能有几次这样的机会？”

三天后，俞永福答应了。雷军和几个朋友共同出资400万元投资UCWEB。其中雷军自己出资200万元，占公司10%的股份。

事实证明，雷军在风险投资方面的眼光确实不错。UCWEB越做越大，而雷军也在俞永福的再三邀请之下，在2008年10月正式担任UC的董事长。2014年，阿里巴巴以43亿美金收购了UC，相比当时雷军投资的几百万元，溢价率高达1000%。

UCWEB的成功大大地鼓舞了雷军，资金与经验的积累，也让他为打造一个伟大企业的梦想积累了更多的资本。在外界质疑雷军对

UCWEB的投资仓促时，雷军解释道，他并不是单纯的听从俞永福的介绍就去盲目投资。首先他相信俞永福的眼光，并且他自己也用过UCWEB，实用性很好；其次，在雷军看来，UCWEB做的是规模经济的生意，只要规模做得足够大，挣钱将非常容易。就像雷军对创业者的建议一样，创业投资要瞄准最肥的市场，一定要尽你所能达到最大市场，才能成功，否则你在一个小鱼塘里怎么干，也就是那么大。最后，在雷军的认知中，移动互联网是巨大的蓝海，手机上网会变成这个时代的潮流，在不久的将来，移动互联网业务的规模会远远超过目前互联网业务的规模。这也是雷军最终选择投资UCWEB的理由。

有人曾经这样问雷军："相比于投资人和CEO，你更喜欢或者更适应哪类工作？"雷军回答说："其实，并不存在那些喜欢的和适应的工作。我喜欢做那种有预见性的尝试，做CEO的时候是奔着一个目标去，现在做投资人了，突然发现可以实现好多梦想，也挺幸福的。"估计谁都没有想到，这位做了近20年CEO的人，在刚刚做了一年投资人之后，竟然给出了这样的回答。没有不甘，相反却多了一些怡然自得。

雷军的投资其实很有特点，其中一点就是，他不在乎盈利模式，只在乎能不能把企业做大。他经常问那些需要得到投资的人这样的问题："假如太阳从西边出来了，你能不能做到10亿美元的规模？"做大做强，就是雷军想要进行投资时间的问题，他将盈利摆在第二位，创造一个伟大的企业是他的投资策略之重。在他看来，倘若他投资的企业没有办法做大的话，那么投资无疑是失败的。

离开金山后的半年时间，雷军一直都在思考着自己未来的投资方向。他相信，在未来的某一天自己一定能够打造出一个伟大的企业。而这也正是雷军在投资上的一个标准。在他看来，对于投资，最重要的不是勤奋，而是对大势和人的判断，以及顺势而为的这种决心。

看脸投资，只要是熟人，雷军就敢掏钱

如果要问雷军的投资标准是什么，那么答案一定会让你大跌眼镜。

雷军投资，只投熟人。他曾经说过，如果你不认识我，跟我不熟，贸然上门来找我投资，不管你的项目多好，我都会犹豫的。

这就要回到雷军进行天使投资的初衷——怀抱感恩之心。

经历过几次创业以后，他深知创业的艰辛，对曾经在他创业的时候给过无私关怀的大哥们，心存感恩之心。比如联想的柳传志在1998年看好金山，给他们投了钱，帮了他们非常大的忙，救他们于水火。当时雷军就想：我怎么样能报恩呢？送钱吗？柳传志不需要。所以金山上市后，雷军送给柳传志一支非常好的高尔夫球杆，把当年的照片印在水晶石上，感谢他的帮助。由此，他萌发了天使投资的心愿，希望帮助那些像他一样有梦想的青年。雷军的天使投资，初衷还是希望完成兄弟们的心愿。

雷军投资的第一个项目是孙陶然的拉卡拉。2004年，孙陶然创业，跟所有的创业者一样面临缺乏资金的困境，孙陶然到处融资，找上了联想。于是联想投资找到了雷军做尽职调查。

雷军在调查之后不但对孙陶然称赞不绝，还立刻给他打了电话。孙陶然说，当时雷军打电话的时候特别谦虚，说能不能给他个投资的机会，而自己当时创业的项目正需要资金，听了他的话之后自然是求之不得。雷军对于他认准的人经常会说这样一句话："无论做什么，我都投。"这话，他在2004年和孙陶然说过，2005年和陈年说过，2006年和俞永福也说过。

前几年，有一份标题为《凡客陈年自爆与小米雷军的"爱恨情仇"》的文章火了。里面提到，雷军跟陈年都生于1969年，在过去的17年里，他们一起共事，一起交流。因为同龄人的关系，他们在人生

和心灵感悟的共鸣也比其他人要多得多。区别只是在于，陈年是个文人，他的文人气质比较浓厚；而雷军是理工科出身，在他的身上流露更多的则是企业家的特质。

2000年，陈年和雷军两个人一起创立了卓越网。2004年8月，卓越网被美国电商亚马逊以7500万美元全资收购。2007年的时候，雷军离开金山，陈年准备凡客的启动。离开金山给雷军带来的痛苦不言而喻，这种痛苦让雷军得以绝地重生、重新出发，但这次出发得这么漂亮，是旁人没有想到的。

2005年陈年开始做“我有网”，雷军投资了，但是后来因为错误估计行业环境，“我有网”陷入了困境，公司很快就失败了。2007年，陈年决定创业“凡客”，这个时候又找到了雷军。雷军二话不说，又对凡客进行了投资。后来凡客由于种种原因经营不善，濒临破产，还是雷军站出来帮着吆喝融资到了一亿美元，力挽狂澜，使凡客免于倒闭。有人曾经问过雷军，为什么要向陈年投资呢？毕竟凡客颓势毕显。雷军是这样解释的：“我认识陈年，觉得他靠谱，这就行了，人靠谱比什么都重要。”他觉得陈年一定会再成功，那他就会选择投钱给陈年，帮助他一次又一次地站起来。

而雷军和俞永福的故事，则更为外人所津津乐道。

雷军曾说过：“永福创业，做什么都支持。”与其说这是对俞永福业务能力的信任，不如说是对他人格的信服。在雷军看来，俞永福身上的专注、对事业的全局把握，比什么PPT、PV、UV都来得令人信服。

也因此，在俞永福看好UCWEB、想拉雷军投资时，雷军给出的条件是，必须要俞永福跳出联想，主持UCWEB的大局，他才会给UCWEB投资。尽管后来他说，就算俞永福不做UCWEB的总经理，他依旧还是会投UCWEB。

UCWEB的业绩越来越好，俞永福又开始劝说雷军担任UCWEB的CEO。俞永福知道雷军对金山感情很深，就拿金山类比，“和金山一样，UCWEB也是民族软件企业，UCWEB也是和世界巨头共舞……UCWEB未来会成为几千人的软件公司，我们都没有经验，假如您坐镇，会是UCWEB事业腾飞的转折点！”

于是雷军出任了UCWEB的董事长。一有人来和他聊天，他就拿朋友的手机给人装UC浏览器。俞永福曾开玩笑说，估计自己这些年主动给人装的量都没有雷军的多。

有人曾经对雷军与投资对象的关系进行了整理：

拉卡拉创始人孙陶然，雷军的好朋友，雷军在2004年投资了50万美元。

UCWEB董事长俞永福，雷军的好朋友，雷军在2006年投资了200万元，占股10%。

好大夫在线创始人王航，雷军的好朋友，雷军和联创策源在2007年投资了300万元。

凡客的创始人陈年，雷军的老同事兼好友，雷军在2007年以后两度投资，投资额超过了1亿美元。

乐淘网的创始人毕胜，雷军的师友，雷军和联创策源在2008年投资200万美元。

可牛创始人傅盛，雷军的朋友，2009年雷军投资了可牛。

大街网创始人王秀娟，雷军的校友，雷军和蔡文胜在2008年投资了大街网。

迅雷创始人邹胜龙，雷军的朋友，雷军在2014年投资迅雷。

做天使投资的风险是最高的，无异于从老虎口中夺食，所以雷军认为好的投资哲学是帮忙不添乱，不要以为投了，自己就是大爷，就可以对企业指手画脚。公司始终是创业者的，不是你的，这个舞台的中坚是创业者，成功和赚最多钱的是创业者。投资是一种顺势所为，而投资对象则是感情所需，是帮有梦想的人完成他们的梦想。尽管有人质疑说，雷军的投资未免有些为“雷军系”布局的意思，雷军却这样说：“我不去控制人，他们只是雷军的朋友圈，而不是雷军系。”

只有钱、不管事，雷军要做真正的天使

雷军被外界所看好的投资哲学是：帮忙不添乱。他曾坦诚地说，别看这句话简单，但投资者能够这么做，却很不容易。比如一个创业者花了一个月的时间想了一个计划，告诉了你，你说不行，太愚蠢了，一脚踢回去了。他说，既然他投的这个人是这么聪明的人，想了一个月想出来的主意，却被自己很快地否决了，是不是太武断了？自己有没有深入地了解这个事情，如果没有深入了解，就帮创业者拍板的话，极有可能是错的。

所以雷军一贯的说法是，他的话只是建议。雷军按照多年的从业经验和格局视野提出想法建议，创业者按照实际情况和专业角度选择听不听从。就比如他在投资UCWEB后，就说要把中国移动的业务停掉，这是他按照宏观格局提出的想法，回去停不停是你自己的事。

或许与雷军投资的都是熟人企业有关，他给予创业者充分的自由，所以他在那些投资者中间一直保持着良好的口碑。他最常说的是这样一句话：“我可以投点钱，让一些能干的人来做这些有趣的想法，让他们把新奇的想法一点点变成现实。”

众所周知，雷军是做技术出身的。天使投资对他来说始终是一个业余的话题，他也没有想法说要做一个专业的投资掮客，他只是在报恩，在帮兄弟实现自己的梦想，顺便自己赚点钱。所以当别的投资客跟创业者签订条文，约束创业者，比如承担相应的责任，或者是在投资之后，要参与公司的运营等。雷军却和其他人相反，在这方面他喜欢制定一些相对宽松的投资协议，而不是尽可能多的去向创业者争取

权利或规定义务。

在这里，不妨拎出周鸿祎与雷军进行一下对比。雷、周两人都是湖北人，年龄相近，履历相似，在圈中人脉威望也大致相当，两个人也都是在近些年才涉足天使投资的。

尽管两人如此相似，外界报道却称两人的处世风格截然不同。周鸿祎个性强势，有很强的掌控欲，甚至会越俎代庖，要求创业者按照自己的想法改变发展方向和思路。这导致很多崇尚自由的创业者拒绝了他的投资。但雷军的态度恰好相反，他愿意做不负任何责任的天使投资，享受跟大家一起创业的乐趣，从东边听一点，从西边听一点。

很多的天使投资人都有企业家的身影，譬如薛蛮子和吴鹰是UT斯达康创始人，何伯权是前乐百氏掌门人，周鸿祎是360董事长，而雷军则参与创办了金山软件。按雷军的话来说，他是比较支持企业家做天使投资的。因为企业家大多功成名就，实现了财务自由，一两百万元都没有压力，但是这些对于那些创业者而言，却非常重要。

在外界质疑凡客诚品的发展前景时，雷军依旧坚持投资凡客，他的逻辑很简单，就是看中陈年这个人。这又回到了之前我们说过的雷军的投资逻辑——只投熟人，哪怕是借钱，也会投资熟人的企业。

在雷军看来，能够遇到陈年这样的创业者是自己一辈子的运气。对于雷军来说，陈年是志存高远、脚踏实地的代名词。雷军在陈年的身上看到了文化企业的未来，陈年会比别人走得更远，假以时日，他能够把公司带到一个别人梦想未曾到达的地方。对于这样的创业者，自己最应该做的就是在他刚起步的时候，以足够的资金，让对方放手去做自己的企业。

这是雷军对于创业者的极大信任。

雷军毕竟是从第一代互联网企业成长起来的领军者，在金山工作了10多年，他清楚地知道，企业所有的矛盾都是由于“不信任”引起的。想要公司走得更远，企业发展得更好，那么创业者之间就需要一种信任，彼此之间有了信任才会更好地为公司服务。投资者只是注入资金，企业是由那些有梦想的创业者不分昼夜辛辛苦苦开创出来的，如果仅靠一个投资者身份就驱逐了彼此的信任的话，是绝对没有办法继续做好企业的。因此，雷军在每一次投资谈妥的时候，都会说上这么一句："假如你不违法，假如你不做假账，不影响声誉，无论你干什么我都支持。哪怕是错的，我说我都要投下去，我百分之百支持你，你来征求我意见，我一定会告诉你我的观点，但是最后我也一定会说全部听你的。"创业者大多都是进取心比较强的，特别是雷军看重的那些创业者更是如此。投资者给了他们这种信任感，他们自然也会为企业的长远发展而努力。

培养彼此的信任感，在雷军看来还有一种方式，就是投资者都有自己的一项投资标准，而不是跟风投。只要是跟风投，势必心态紊乱，追涨贬跌，最后自己劳心劳力，创业者也不见得念你的好。

雷军就有自己的一套投资标准：大方向很好、小方向被验证、团队出色、投资回报率高。除了他投的第一家公司拉卡拉是他自己不熟悉的，之后的投资大多都是沿着互联网、电子商务及社交这三条脉络分布的。这是他熟悉的业务，是他自己就能判断投还是不投的领域。

毕胜曾经这样评价雷军，称他是国内心态最成熟的天使投资人，因为他总是在创业者最需要的时候出现，在不需要的时候消失。这样的评价，让雷军听了却是哭笑不得，他不过是对创业者足够信任罢了。选择对了就放手，没有什么好去斟酌的，选择创业者是出于信任，放手让创业者去做大企业也是一种信任。事实上，不是每一个投资者都能有这样的胸襟与气度的，唯有雷军，经历过大风大浪，经历过金山8年IPO的长跑历练，才能练就这样的一份投资气度。信任感有了，创业者成功的欲望自然也就被激发出来了，有这样的创业者，企业自然有一个长远的未来。

投资凡客诚品，雷军与陈年的约定

陈年和雷军，应该是大众最为熟知的“一对CP”。关于雷军领投1亿美元救陈年，网上的解读太多了，当然，质疑与异议的亦有不少。

在凡客之前，陈年和雷军就是关系很好的朋友，两人共同创建了卓越网，2004年卓越网被美国电商巨头亚马逊收购。两人虽然通过这次收购赚了第一桶金，但由于管理层的问题，陈年随后离开了卓越网，金钱是不缺的，但生活一下子变得空荡荡的。

陈年去找雷军，问可以干什么，雷军当时执掌的金山正在大力进军游戏，于是就提议陈年干“我有网”，它是类似5173的游戏道具交易平台。雷军的逻辑是，道具交易其实也是电商的范畴，陈年做这个轻车熟路。陈年也就去做了，没想到的是，“我有网”运营一年以后，就遭遇到了游戏开发商和运营商的双重打压。“我有网”干不下去，陈年很苦闷，跑回老家8个多月，开始写半自传小说《归去来》。这段故事，和雷军当年在金山干得无比郁闷跑回家泡了一年Cfido网极其类似。

正在这个时候，PPG横空出世，一夜走红，它以5000万美元的融资和两亿元人民币的广告费震惊了业界。无数人对这个模式感到眼红。于是联想投资人朱立南找到了陈年，希望陈年能够和当初的卓越网班子复制PPG的模式。其实，就算朱立南不说，陈年自己也是要干的。早在2006年底，陈年就听说了PPG的模式，并对它产生了强烈的兴趣。陈年觉得这个事情自己能做，都是垂直电商，所做的无外乎是把图书换成服装。随后的几个月里，陈年也一直沉浸在对PPG的研究当中，再加上后面朱立南的到访，陈年心动了。

2007年，陈年找到了自己的老搭档雷军说了自己的想法，雷军也觉得这事情能干，没有任何犹豫地决定投资陈年。但当时雷军初涉风投圈，远没有现在的号召力，于是雷军和陈年分别去找投资人。雷军找冯波，陈年见的是林栋梁，冯波和林栋梁各自听了雷军和陈年的讲述之后，当即决定每人投资100万美元。2007年10月，凡客对外公布了首笔融资。10月18日，凡客正式上线。

关于凡客的命名也很有意思，雷军提议说美国有个亚马逊，咱们能不能叫作尼罗河，结果发现早就被注册了。后来干脆就起了凡客（VANCL）这个名字，C是陈年，L是雷军，VAN是先锋和小船的意思。陈年和雷军加在一起，永远是电子商务的先锋。

雷军投资凡客的消息被公布之后，外界一片哗然。当时雷军被问得最多的问题就是“为何投资凡客诚品？”因为当时陈年的凡客完全是模仿PPG模式，几乎一点创意都没有。

但雷军是这样回答的：“只因为他是陈年，我不关心他做的是凡客诚品还是什么。”雷军自然是看好陈年的，他不但给予陈年资金上的支持，而且还身体力行为凡客诚品做起了广告。雷军既是凡客诚品的第一个试衣模特，也是凡客诚品的第一个明星代言人，更是凡客诚品始终排名前五的VIP用户。

事实证明，雷军确实没有看错陈年，他投资的凡客也不负众望。

VANCL用不到一年的时间，就达到了平均每天成交20000件订单的成绩，超越了PPG18个月所创造下的成绩。凡客从第一天销售15件衬衣开始，发展到后来，每天平均销售近20万件男装、女装、童装及鞋、家居产品等。

作为老卓越人，陈年在互联网流量获取上远比PPG有优势。当时，PPG在买流量上花费巨大，但国内的迅雷、暴风等客户端流量多余的几近白给，同时SP（促销模式）又开始撤退，网页游戏变现还没兴盛，雷军让陈年以CPS（网络营销外包服务）切进去，流量哗哗地来了。

凡客发展很快，钱很快就不够了，又是雷军在中间帮忙，软银赛富于2008年1月给了1000万美元的B轮，后来启明创投与IDG一起做了3000万美元的C轮。

可以说，凡客从立项到发展，雷军功不可没。在凡客的融资过程中，从立项、天使投资到VC的引入，主要都是雷军在穿针引线。这一切的缘由或许可以从雷军说过的这样一句话看出：“陈年做的，我都支持。”雷军和陈年这两个生于1969年的“老男人”并肩走过了13年，他们互相相信对方。这种相互的信任，让他们彼此帮助走过一个又一个的低谷，一起向前。

几年之后，雷军在风投圈越来越游刃有余。他在逐渐走向天使投资强人的过程中，慢慢地总结出了一个道理。在他看来，天使投资人的价值主要在于三点：（一）提供创业的启动资金。意思是投了公司第一笔创业的钱，这笔钱的价值很高；（二）分享经验、人脉和信誉。在这一点上主要是制定战略把握方向、介绍工程师和联合创始人等；（三）附加的信誉。这其实是另外一种价值，毕竟在自己的担保下，别人会觉得你很靠谱。在凡客诚品的创立过程中，雷军的这些想法也体现了出来。

雷军在创办小米的时候，是希望凡客及凡客旗下的快递体系帮助小米来做传播和电商的。但到了2011年8月，小米发布前夜，凡客已经火烧眉毛，自顾不暇了，由此逼着小米自己做饥渴营销，自己建电商平台。到了2013年，凡客深陷“七年之痒”，收入增幅逐渐下滑，亏损也日益扩大，凡客产品糟糕的质量和口碑与广告之间的反差也愈加明显。凡客口碑品牌快速下跌，雷军却一如既往地帮助陈年，给凡客的发展提建议。

2013年，凡客诚品陷入痛苦的转型中，所有都要推倒重来。雷军直言不讳，准确说中了凡客的痛点，说凡客这种盲目扩张是上个时代的做法，一个好的企业应该以用户需求为导向，用产品来塑造品牌，而不是盲目扩张。刚开始的时候，陈年不相信雷军的观点，还觉得雷军是小米做成功了，瞧不起凡客，但后来，他终于对雷军心服口服。

为了帮助老朋友，由雷军牵头，凡客再次融到了1亿美元的资金，这让凡客起死回生，陈年开始重新思考雷军关于“极致”的定义，改变了之前凡客“好大喜功”的策略。从一件衬衫做起，将专注产品作为核心战略，精心制造让消费者“尖叫”的中高端产品。与此同时，陈年还决定向小米学习，对凡客的营销采取小米模式。凡客的运营，又重新回到了正确的轨道。

雷军曾经提出过一个著名的观点：“站在风口上，一头猪都能飞起来。”这句话暗含了他关于创业的追求，那就是要寻找好的创业机会。而雷军和陈年的故事，是一段老朋友互相扶持的佳话。对于雷军来讲，凡客既然已经处在了“风口”的边缘，那他自然就要尽力让陈年和凡客站在“风口”上。

投资多玩，雷军在多玩的四个角色

2012年11月21日，多玩母公司欢聚时代登陆美国纳斯达克，上市首个交易日开盘价10.5美元，与发行价持平；收盘价11.31美元，较发行价上涨7.71%。以收盘价计算，市值超6亿美元，市盈率约63倍。中国互联网公司再次赴美上市，YY的上市被视为中概股的破冰之旅。多玩能够在短短的几年时间内获得高速发展，成功上市，外界都认为，多玩背后的雷军功不可没。

有人开玩笑地说，雷军是傅盛的“贵人”。那么对于李学凌来说，雷军则是他的“伯乐”，是他的天使。

1998年，李学凌写了一篇金山的负面报道，内容详尽而真实，且切中要害，雷军因而注意到了这个年轻人。

观察一段时间后，雷军觉得，李学凌这个年轻人是一个不可多得的人才，可以深交。

他举出的观点如下：

李学凌是一个有自己观点的人，这一点从他拒收所有车马费和稿酬中可以看出来，能不被任何东西所利诱；他还愿意琢磨，有很强的新闻理想，他曾经想过合并报纸版面，但当时的报社不敢冒这个险，直到后来有人将这一步做出来并成功，人们才明白他的先见之明。他还是个技术发烧友。这一点从李学凌批评金山都批评在了点子上，可以看得出来。

后来李学凌多次找雷军交谈，谈一些对人生的看法。在雷军身边浸淫得久了，李学凌也萌发了创业的想法。但雷军并不鼓励李学凌的这种想法，他告诉李学凌，创业初期很苦，要承受巨大的压力，并不是一件简单的事。

但李学凌在网易改革中受挫，得不到重用。所以，2005年李学凌决心离开网易，自己出来开创一番事业。

2005年初，雷军和李学凌一起去厦门参加蔡文胜举办的第一届站长大会。两人在酒店房间里聊了整整一天，最终决定了创业方向。李学凌在经过网易部落一役，狂热追求Web2.0，他对UGC（用户原创内容）非常着迷。他想用UGC的方式重做媒体，坚持做RSS（聚合内容）博客订阅，但雷军点醒了他。雷军认为市场太小，不建议做。他给李学凌的建议时说：“你得选肥的市场，舍小的市场。”在李学凌最开始的想法中，雷军觉得市场太小，太虚，几乎看不到钱的影子。

雷军给李学凌的建议是，做垂直门户，因为当时金山的战略中心是游戏，所以雷军在李学凌的四大领域上首选游戏资讯。在他看来，游戏厂商的利润最高，投放广告的意愿最强，并且对互联网的理解也深。

2005年8月，李学凌完成了海外注册，在广州正式运营华多科技有限公司。与他同来的还有他以前在网易的几个旧部。很快，李学凌就体会到了创业的艰难。创办的“狗狗”上线不到半年，李学凌就犯了错误。2007年6月，李学凌将狗狗网域名转给了迅雷运营，而迅雷的游戏频道则全部使用多玩内容。

在雷军的规划中，狗狗和他预见的差不多，它的寿终正寝完全在雷军的意料之中。在他看来，早于狗狗五个月上线的多玩才是公司的生命线。在多玩项目设立之初，雷军和李学凌就为其设立了一个小理想：如果能够花5年时间把多玩做到1亿美元的规模，就算100分。但是做到1亿美元，在当时几乎是个遥不可及的梦想。另外，游戏资讯门户依靠广告营收的模式复制性特别强，增长空间也很有限，与当时占据主流的17173等游戏平台相比，广告商明显对多玩的认可程度不高。

2007年，周鸿祎和雷军投资ispeak，这是一款在线群聊语音产品，当时雷军想拉李学凌共同出资，但李学凌拒绝了，认为这项业务并无多大价值。

几个月后，ispeak同时在线用户突破5万。李学凌着急了，他改变了原先的想法：语音+视频的时代将会替代文字+图片的时代。能借助到时代的力量，多玩才有机会成长为更大的公司。

于是，李学凌着手开发了YY语音，并最终打败了ispeak，将这个产品做到了语音聊天中的老大。可以说，雷军是多玩的军师，没有雷军的策略服务，多玩也走不了现在这么远。

2008年春天，李学凌在网易的老战友张云帆等十几个同事从华多科技集体辞职，移师北京做起了178游戏网，李学凌曾把团队出走的原因归结于“理想打不出馒头”。雷军却有不同的看法，他觉得团队的离开，李学凌身上的性格缺陷是一个原因。“李学凌带着以前的子弟兵一起创业，他给了人家很高的预期，但是从内心深处，他认为人家还是打工的。等到小弟长大了，不想再做小弟的时候，他还把人家当小弟。你忽悠人家共同创业，可是在处理具体事情的时候，又把人家当小弟。这和利益无关，和感受有关。”雷军说。这样的一段话，是一个已达圆熟境界的前辈对后辈的提点，拨正后辈的人生方向，以期望其修改性格上的缺点。

多玩渐渐走上正途，盈利日日见增，有人对李学凌说想要1.5亿美元把公司买走，然后将40%的股份还给他，李学凌很心动，想卖。他就去征求雷军的意见。雷军此时已成长为资本大鳄，他对收购一事坚决反对。雷军对李学凌道，多玩肯定要进入10亿元殿堂俱乐部，现在低价卖出，是得不偿失的。所以，雷军力阻。

无论是从战略上、资本上，还是从公司管理上，雷军扮演的多个角色对多玩发展起到了巨大的推动作用。雷军既是多玩的主人，也是李学凌及多玩的贵人。

第十一章

创业 3.0，小米要站在风口上

iPhone 点火，雷军认准手机是未来

时间洗滤掉过往，沉淀下来的，都是精华。雷军的名字频繁见诸媒体，闪烁于大街小巷。年富力强、有体力、有经验的雷军认为，这是他人生中最美好的阶段。但此时的他，早已功成名就，实现财务自由，不缺钱也不缺声誉，天使投资企业也步入正轨，一切的一切，都在往美好的方向发展，好像他早已实现海边钓鱼的闲暇生活。

但他看着身边仍旧在互联网上拼搏的兄弟们，又觉得有些落寞与不甘，总觉得这种以前梦寐以求的生活缺了点什么。

他翻来覆去地想，最后终于明白，现在依旧是他人生最美好的阶段，他要拥抱现在，拥抱未来，他要做点自己喜欢的事，按照自己的想法去做企业。

事实也确实如此，他在金山担任总裁的时候，马化腾和丁磊还是金山手下的站长。转眼数年已经过去，如今马化腾的腾讯公司已经成为中国市值最高的互联网公司，而丁磊的网易也做得有声有色。雷军不缺钱、不缺闲、不缺声誉，但跟那些当时的小兄弟相比，他又有点寂寞。他缺一家量级庞大、称得上伟大的企业，一件在雷军的评判标准上“大

成”的案例。

于是雷军萌生出了一个想法，他想亲手创办一家能够与巨头角力的重量级公司。

创业的想法萌生了，接下来就该选择一个好的领域了，那么从目前来看，什么样的行业才是最适合进入的呢？雷军的回答是，手机行业，移动互联网。他认为，目前移动互联网行业正处在发展最快的时期，快到“超出想象”，因此，未来两三年，移动互联网创业仍旧有很多机会。

人们不禁问，为什么会是移动互联网呢？这就要说到雷军最著名的那个“风口论”了。

雷军曾提出过“飞猪理论”，意思是“站在风口上，猪都会飞”，这在创业圈内被广泛流传。他的意思是，每一个企业的成功都需要遇到一个最为合适的“风口”，企业想要获得成功，最需要做的一件事就是在能力范围以内寻找最适合自己的“风口”，顺势而为，把握时代的脉搏，那样，你想不成功都难。

雷军在寻找风口的时候，做过许多尝试。他曾经考虑过互联网的各个角落，但他观察一圈后发现，这是一件很难的事。原因是互联网巨头林立，各个细分空间几乎都已被占全，雷军贸然切入，其实是比较困难的。

后来，雷军就在想，互联网之后的下一个热点是什么呢？

在雷军思索的时候，iPhone于2007年1月份发布并于7月份上市了。这件事给了雷军很大的震撼，他觉得iPhone是一个革命性的产品，在很大程度上颠覆了人们对智能手机的定义。虽然在iPhone发布之前，智能手机就已经出现了，但是在iPhone发布之后，雷军觉得一个新的时代来临了，那就是只有像iPhone这样的手机才算是智能手机。雷军仿佛被打通了任督二脉般畅快。

然而，iPhone手机给雷军的震撼还未减弱，紧接着又发生了一件给雷军更大震撼的事情，这就是Android的发布。2008年10月，第一部Android手机上市了，它就是HTC的G1。这部手机发布之后，雷军特意去香港买了一部，在用完以后，雷军觉得一个新的时代马上就要开始了。这前后发生的两件事，让雷军决定，他要做手机，要做一部既能够像iPhone那样有极好的平台和口碑，又能像Android那样让人震撼的手机。

这里又不得不提到雷军对未来十年互联网浪潮的趋势判断。在雷军看来，中国的手机市场有着属于自己的特色，同时它又是一块很大的蛋糕，只要把握住中国人的消费习惯，就能获得成功。首先，由于人口关系，中国是全球最大的单一市场，它占了全球的25%。如果手机企业能够在中国赢得机会，那他就有机会在全世界赢。其次，中国是个开放的市场，而非是运营商管制的市场。在美国，用户想要买手机必须到运营商那里去，但是在中国不一样，中国的绝大部分用户在街上就能随便买手机。因此，只要企业将自身的手机产品做好，不用和运营商建立关系也能得到很好的销量。另外，中国还是一个比较封闭的市场。跨国企业直接在中国做手机的话，可能会有些水土不服。因为他们不了解中国的国情，所以在刚开始的时候很难在中国做好。只有本土的中国企业才能征服中国市场。

所以雷军果断地选择了手机行业。

2010年5月27日，北京富力万丽酒店全球移动互联网大会正式召开了。雷军在那次大会上发言表示非常看好移动互联网，互联网的下一个热点就是移动互联网，未来十年手机会取代PC，成为下一个计算中心。沿着这个思路去想，雷军认为移动互联网的发展在全球才刚刚开始。他还借着摩根士丹利的报告对未来做了预测：到2020年，移动互联网终端将超过100亿台，包括智能手机、电子书、平板电脑及各种娱乐终端。如今再回过头来看雷军的这句话，不得不说他的眼光还真是够犀利的。

鉴于对移动互联网的了解，雷军对未来手机行业的发展更是信心倍增。他说："苹果公司的iPad是个伟大的产品，iPhone仅在76天就出售了100万台，而iPad不到1个月时间就销售告罄。或许在未来的某一天，iPad可以取代大家99%的工作，而这就是新时代的开始。"最后，雷军说了这样一句话："我坚信，未来的移动互联网是以手机为核心的，因为未来10年，手机在绝大部分人、绝大部分工作场合将取代PC而存在。"

雷军成功的秘诀在于，他的每一步都走在了时代的前端。移动互联网浪潮来临的时候，他拿钱交学费也要投资移动互联网企业，后来他投资了UC。

进入移动互联网之后，iPhone和Android的发布又颠覆了他对手机市场的感知，看到大趋势就马上去做，时刻对自己所选择的行业充满信心，这就是雷军创业成功的秘诀。

招兵买马，打电话打光三块电池

小米公司于2010年4月成立。在成立仅一年后，他们发布了第一款小米手机，按照小米董事长、CEO雷军的说法，这将是一款性价比极高的高端智能手机。

能够成就"小米速度"的，是小米公司那个堪称超豪华阵容的七人联合创始人团队。雷军曾是金山软件的董事长和著名的天使投资人，林斌曾是谷歌研究院的副院长，洪锋曾是Google高级工程师，黄江吉曾是微软工程院首席工程师，黎万强曾是金山软件人机交互设计总监、金山词霸总经理，周光平曾是摩托罗拉北京研发中心总工程师，而刘德是一位自世界上顶级设计院校ArtCenter毕业的工业设计师。"3个本地加5个海归，来自金山、谷歌、摩托罗拉、微软等，土洋结合，理念一致，大都管过超过几百人的团队，充满创业热情。”雷军这样说道。

2009年底，当雷军刚开始着手，并思考着该如何去打造一台属于自己的手机时，他已经快40岁了。他感受到了这个行业里一些变化的趋势，手机会替代PC，成为未来十年的爆发点。他的手机之梦，时机成熟了。他要开始为了这个梦想构建队伍。

他首先找到的是林斌。林斌是谷歌中国工程研究院副院长、工程总监、Google全球技术总监，全权负责谷歌在中国的移动搜索与服务的团队组建与工程研发工作。再早一些时候，林斌是微软工程院的工程总监，可以说是当今软件产品和互联网产品技术领域数一数二的人物。

有一次，雷军和林斌聊天的时候，林斌向雷军透露说自己想出来创业，做一个互联网音乐的项目，还询问了一下雷军的想法。雷军听到之后，特别高兴，当即就跟林斌说：“别做音乐了，音乐我们投点钱，别人干就可以了，没意思。咱们一起做点更大的事情吧！”就这样，林斌第一个登上了雷军的小米战船。

林斌的加入，让雷军在招兵买马的过程中更加有干劲了。2009年11月的一个晚上，雷军和晨兴资本合伙人刘芹通了长达12个小时的电话。在这期间，雷军换了三块电池，而刘芹则换了三部手机。刘芹决定投资雷军的最主要原因是因为自己被雷军的“敬畏之心”打动了。雷军是这样和刘芹说的：“我看过很多人起起落落：无数的强人崛起，无数的英雄倒下；看见人家起高楼，看见人家宴宾客，也看见人家的楼塌了。我之所以对创业仍抱有敬畏之心，是因为看过太多人‘死’了，不会因为他叫雷军就不会‘死’。”话说到了最后，刘芹最终决定加入，投资雷军这项未知的事业。

有了刘芹的投资，雷军并不满足，他和林斌仍在寻找一个做移动互联网的强势团队。移动互联网的研发分为工程、产品和设计三个层面，在每一个位置上，都需要一个高手坐镇。雷军和林斌在商量之后，就开始了各自的分头行动。

雷军找到了黎万强。

黎万强是雷军的老部下，他大学一毕业就加盟了金山软件，历任金山软件的人机交互设计总监、设计中心总监和金山词霸事业部总经理。在金山的10年职业生涯中，他从一个设计师成长为一个百余人规模的事业部的领导者，这其中有他自身的能力，也有雷军对黎万强的提携。雷军和黎万强的私交非常好，2009年年底，黎万强决定辞职离开金山，出来单干。当他把这个想法告诉雷军时，雷军大喜过望，打消了黎万强原先的创业念头，让他加入小米，跟着自己一起做手机。

黄江吉成为微软工程院的首席工程师时，还不到30岁。这个时候的他，也正面临着选择，是创业还是留在微软继续干？留在微软是留在中国还是去美国？

林斌了解了黄江吉的情况后，将他介绍给了雷军。当时也没提创业的事，三个男人就坐在咖啡馆里聊天，聊各种电子产品，从手机到电脑，从iPod到电纸书。那天，他们一共聊了四个半小时。黄江吉也没多说什么，只在临走时说道："我先走了，反正你们要做的事情，算上我一份！"

2010年2月，林斌又找到了他在谷歌的下属洪峰。洪峰是一个计算机天才，在他上小学的时候就开始学习计算机，编写程序来解决实际问题。最让人惊奇的就是他在谷歌的时候用20%的业余时间，和几个人一起做了Google3D街景的原型。而他所支持开发的谷歌音乐，成为谷歌中国为数不多的饱受赞誉的产品。据说，他决定加入的时候说了一句话："人靠谱，事靠谱，钱靠谱。"2010年，洪峰加入了小米的创业团队，负责移动互联网的产品开发。

而负责小米的产品设计这一块的，是被洪峰拉过来的刘德。

刘德是从ArtCenter毕业的牛人。当时的刘德在美国过着优哉游哉的中产生活，安逸得让人羡慕。2010年5月，刘德受到老朋友的邀请，来到了北京，也见到了小米团队的另外几个人。

雷军在向刘德做了解说之后，向刘德正式发出了邀请，他说："我想拉你入伙。"对于刘德来说，加入雷军的团队，就意味着自己要放弃在美国办的公司，放弃在美国的舒适生活，而小米只不过是一个有可能成功的项目而已。雷军在和刘德谈完之后，自己也很忐忑。刘德回到美国，也开始思考这个问题。第二次来北京的时候，刘德主动给雷军打了电话，最终决定加入小米。

到目前为止，雷军找到了能够做手机系统的人，做手机软件的人，做手机设计的人，就是还没有找到能够把手机做出来的人。作为软件行业和互联网行业的大佬，雷军和林斌，在硬件制造领域都没有什么特别深的人脉。当2010年7月1日开始，小米公司准备启动硬件项目的时候，这个项目还没有一个专业的人才加入。

寻找这个人，雷军和林斌费了很大的力气。2010年的夏天，3个月时间里，雷军见了超过100位做硬件的人选。雷军、林斌、黄江吉等人动用了他们所有的关系来找这种人才，但始终找不到。这期间，有人向雷军介绍了周光平博士。但雷军觉得，周光平是从1995年开始就在摩托罗拉工作的资深工程师，这个55岁的博士，肯定是不会出来创业的。但在多次面试无望，找不到合适的人负责小米手机硬件时，林斌提议约见一下周博士。雷军对此次约见并没抱多大希望，只准备了两个小时，没想到，他们谈了一会儿就有一种相见恨晚的感觉，两人连出去吃饭的时间都舍不得花。雷军的想法成功吸引了周博士的注意力：做一款世界级的手机，并且是国内的公司自己来做，这是他向往已久的目标。就这样，周博士也加入了小米团队。

至此，雷军的小米创始人拼图，终于完成了。

小米手机，雷军的商业 3.0 时期

随着人员的一一找齐，初始黄金团队组建起来了。雷军说，这是一支攻无不克战无不胜的团队，是优秀得不知该如何形容的团队。在他看来，他们当中随便走出一位，都是互联网界不可多得的人才，更不要说他们聚集在一起，齐心协力地要完成一件事了。

为什么雷军要把自己的手机公司起名为“小米”呢？据说刚开始雷军想取名“红星”，红星照耀中国之意，但由于白酒红星二锅头的普及，红星早就被人注册了。于是雷军改为“小米”，毛主席战略思想中的“小米加步枪”的意思。

雷军后来又进一步解释说，从小米的拼音上来看，mi是Mobile Internet的缩写，小米要做移动互联网中的领头羊；其次，mi也是Mission Impossible的缩写，小米要完成不能完成的任务；最后，“小米”这个名字亲切可爱。小米投资人刘芹认为，取名拉近与民众的距离，更有利于打开销售局面，成功切入手机市场。雷军后来又对“小米”这个名字做了更精细的解释，他说：“佛家一粒米，大如须弥山。”这句话背后大有深意，意即在无限的宇宙中，一粒米饭的力量相当于一座须弥山，天下大势随风而起，本就无小大之分。雷军在微博中引用这句话，似乎也是希望自己的小米公司能如佛家中的那粒米一样，顺风而起，虽小亦大，载动万物。

2010年4月6日，雷军的公司完成注册，名为北京小米科技有限责任公司。创业团队搬入中关村银谷大厦的办公室。搬家当天，黎万强的爸爸用电饭锅煮了一大锅小米粥，送到公司，由雷军分盛，每人一碗。喝完了粥，小米正式启动了第一个项目：小米司机。

小米司机是一款迷你软件，供用户下载到手机查询违章记录。这项产品的体验并不好，用户查到了会郁闷，查不到又显得产品没什么用。

很快，小米司机和另外七八个类似的应用被叫停。不过，雷军已经达到了目的："试了这么一两个月，还行，我们的刀还能砍人，而且根本分不出办公室谁是金山来的，谁是微软来的。"

6月1日，小米科技启动了第一个真正战略意义上的项目：MIUI操作系统。这是一个基于Andriod的主程序操作系统。和传统研发不同，MIUI被雷军要求是个"活的系统"，它的开发和发布走互联网路线，与第三方民间团队合作，每周快速更新版本，积累了大量的论坛粉丝。2010年8月16日，MIUI在开发两个月之后迅速发布。截至2011年7月底，MIUI拥有大约50万论坛粉丝，其中活跃用户超过30万，总共有24个国家的粉丝自发地把MIUI升级为当地语言版本，自主刷机量达到100万。MIUI的初步成功增强了小米团队的信心，

雷军在放手做软件的同时，又开启了寻找硬件之旅。

周光平原本以为凭借自己在摩托罗拉多年的工作经验与口碑积累，硬件供应会是轻而易举的事。没想到，周光平和雷军约谈第一家供应商，得到的回复竟然是："你们前三年财务报表拿来看看，否则我怎么知道你会不会做一半倒掉？"周光平不死心，他再以小米员工的身份向对方致电的时候，对方很客气地说："我们永远是朋友，但是元器件方面你还是别找我了，老板是绝对不会批的。"一时间，周光平尴尬万分，他从来没有想到加入小米后碰到的第一个钉子竟然来自供货商。相比周光平的尴尬，在商场浸淫多年的雷军却明白得多，甚至在刚开始跟供应商接触的时候，他还有一丝侥幸的心理："这些东西顶多是产能问题，我付钱买还不行吗？我出价贵一点买不行吗？"结果雷军在谈判之后迅速发现，供应商这个环节就是一个即便你拿钱也买不来的部分。全球顶级的供应商有个不成文的手机厂商划分方式：iPhone和非iPhone，偏偏小米手机要做世界顶级智能手机的定位决定了他们首先就要找到顶级的供货商。而这800个元器件的100多个供货商中，有90%与苹果公司的供货商是重叠的。但供货商不是简单地卖产品，而是

需要专门为手机厂商定制开发。

雷军无师自通地梳理出一套说服供应商的逻辑：跟硬件公司讲小米的手机操作系统MIUI。当这些元器件厂商发现那个火热的MIUI开发者论坛是小米做的时，事情就容易往下走了。“对硬件公司来说，他们不认为硬件有多难，对我们过去做软件的来说，硬件是最核心的。”这样的思考方式，使得雷军的团队借助MIUI的成绩成功说服了供应商。

雷军自身的人脉及过去做的事情，也为小米说服供应商加了分。“大家愿意跟成功者合作，他们的信任也不是一上来就建立，我在这个圈内还是有很多朋友，我不认识你，我跟他是好朋友，他跟他是朋友，这样想办法找到供应商董事长或CEO，找最好的渠道来介绍。”雷军亲自登门拜访，他跑过50家供应商，到4月底5月初，小米才百分之百说服了供应商。

与此同时，小米与高通的谈判也在步步推进，初战告捷。高通内部人员分析：“现在谁也看不清楚（商业模式），我们跟他们合作就是先入为主，抢占一个先机。”这也是雷军说服元器件厂商的另外一个理由，跟供应商强调小米是一个会有颠覆性商业模式、具备很大潜能的公司。毕竟，苹果公司在元器件厂商中一直占有压倒性的优势，要是小米能出来，就能分摊苹果一家独大的风险。

由于雷军过往经历太辉煌，很多人都担心他会不会做一段时间之后又去干别的事情。为了打消一些人的顾虑，也为了表明自己的决心，雷军是这样向他们保证的：“小米是我最后一家公司。首先，这件事情足够大；其次，如果能把小米做成功，这一生已经是精彩纷呈，不再需要别的东西了。因此，创办小米对我来说足够了。而且，我也提醒自己要聚焦，认认真真地把小米做好。”终于，2011年8月，第一代小米手机诞生了。

惊艳 798，像乔布斯一样开发布会

乔布斯的iPhone4横空出世，震惊了所有人，旗下的产品系列不是开发了一个行业，就是打败了一个行业。譬如iPad开创了平板电脑时代，而iPhone4则改变了智能手机的格局，“再一次，改变一切”，这句伴随着iPhone4一起横空出世的口号，现在听起来仍然豪气十足。因为无论从哪方面看，当时的iPhone4都足以领先业界。

本国企业经常被拿来与外企作比较，比如有中国的谷歌——百度；中国的雅虎——新浪；中国的Facebook——人人网；中国的Youtube——优酷；中国的HULU——爱奇艺。但因为iPhone的经典和难以复制，本国的互联网企业没有人敢称之为“中国的乔布斯”“中国的苹果”，究其原因，还是因为乔布斯和苹果的伟大之处是其他人所替代不了的。

然而，令人没想到的是，在2011年8月16日，北京798艺术中心小米手机发布会上，人们找到了“中国乔布斯”的影子。这一天，雷军在北京798艺术区发布了小米手机。

中国的企业在开发布会的时候，为了营造公司实力雄厚、资金充裕的形象，一般都会选择在高大上的酒店发布，与会者喜气洋洋，发布者也与有荣焉。雷军却将小米手机的发布会选择在了北京798艺术区。这不是他别出心裁，而是因为尽管798在北京的位置有些偏，它却能容纳更多的观众，因而也更受国际公司的青睐，微软的windows7和IE9都选择在这里开发布会，雷军也很喜欢这个地方，因而不管是之前的UCWEB还是如今的小米手机，他都选择在这里发布。

发布会当天，雷军身着黑色Polo衫、牛仔裤和黑色匡威运动鞋，帅气亮相。但这样的衣着打扮跟乔布斯召开苹果发布会的着装太像了，而且像乔布斯一样，雷军也准备了一份长达200多页的PPT产品介绍。

对于雷军的这种做法，有人说，这是他以“果粉”的身份向乔布斯致敬；也有人说，这是完全照抄苹果发布会的模式，不能算是雷军的独创。但不管是哪一种说法，都无法否认一个事实：这次发布会达到了预期的效果，会场上人头攒动，过道和周边平台上也站满了人，凡客诚品的陈年一度也被拦在蜂拥而至的人群外面，最后经过一番协调才得以进入会场。

事实上，这一天也是小米MIUI发布一周年的纪念日。参加这次发布会的人除了供应商、记者之外，就是小米的“粉丝”。在会场上，雷军每报一次技术参数，台下的“粉丝”就传出一阵几乎掀翻屋顶的声浪，对雷军和小米表示发自内心的肯定。甚至还有一些“粉丝”喊出了“雷布斯”这个称呼，尽管雷军正在台上专心做报告，什么都不知道。

“粉丝”的热情，让一些记者们产生了怀疑，有一位参加会议报道的记者低声询问现场的工作人员：“这是哪里来的托？也太敬业了！”工作人员实话实说：“都是自己来的，我们也没想到。”他们都是自发喜欢小米的“粉丝”，根本不是什么“托”。

发布会开场的时候，雷军如是说：“昨天手机行业发生一件大事，一代巨头摩托罗拉谢幕。小米就像早晨的太阳，一点一点升起，让我们一起见证一个新的时代的开始！”雷军是这样说的，也是这样做的。小米手机采用了顶级的硬件配置，对此雷军并没有用多么繁杂的词语来做过多的介绍，他只用了一张图来对目前市场上主流手机的参数做了对比，他说：“让大家看看目前全球性能最好的手机，是如何将其他手机秒杀的。”基于对小米手机的信心，本来不想高调的雷军，还是向所有通信行业的同行们下了战书。

对于“米粉”来讲，发布会只是一个契机，真正打动他们的是小米推出的手机。对很多“粉丝”来讲，小米手机在798的惊艳亮相是发布会的最大看点。它使用的是目前最快的手机CPU——1.5G双核CPU，顶级智能手机1930毫安电池的高能配置，最适合亚洲人手型、握感极佳的屏幕设计，以及可以和主流的卡片机相媲美的800万像素防抖大光圈拍摄等。这么一款高性价比的手机，又怎么会不让人感觉惊艳呢?

发布会之后，关于“雷布斯”的说法慢慢地出现了。人们说雷军是中国的乔布斯，说小米手机是中国的苹果。现场的预售也正如他们所希望的那样，排起了长长的队伍，无声中向雷军传达了支持小米的信息。

但雷军不这么认为，在雷军看来，苹果是苹果，小米是小米，两者有着本质的区别。小米有自己的骄傲，两者之间不能相提并论。

雷军对小米手机与苹果的不同点进行了总结。他说两者的不同可以分为三点：第一点，小米比苹果更加互联网化。苹果和小米的定位不一样，苹果是通过硬件来赚钱的，但小米不是，小米是互联网公司，它是通过服务来赚钱的；第二点，苹果在极简主义上做到了极致，而小米走的则是集大成的路线。换句话说“苹果只考虑内心，不听用户意见，而小米有1/3的功能都是在论坛听取用户意见改出来的。”第三点，苹果产品强调的是时尚和整体体验，而小米强调的则是高性能和高性价比。

看得出来，雷军结合中国的手机市场，自发地摸索出了一条小米手机的生产之路。苹果的伟大之处是小米抄袭不来的，但小米的高性价比也是苹果无法比拟的。在雷军看来，乔布斯真正信仰的是他自己，而成为乔布斯的真正含义是成为真正的自己。

2011年8月，雷军开始了另一轮征途。从此，中国智能机市场出现了新格局，小米手机在国外品牌的重重压力下，为国产手机打下了一片天地。

随后，雷军和他的小米手机开始成为公众关注的焦点。

厚积薄发，小米的前两年是用来布局的

40岁开始创业，也许有人会说已经晚了，但是，也未尝不能说，这是一种厚积薄发。雷军，在40岁的时候自主创业，开创了小米的新时代。没有人说他晚了，毕竟小米的火爆是有目共睹的。

创业初期的雷军遵循的原则是低调和保密。“人若无名便可专心练剑。”他说一旦大家知道是雷军在做，期望值就会高，他希望用户认为“就是张三、王五做的，甚至没有名字的人做的。”

雷军曾经说过，自己并不是一个善于在逆境中生存的人，他希求的是高屋建瓴，顺势而为。他曾经说过：“人是不能推着石头往山上走的，这样会很累，而且会被山上随时滚落的石头给打下去。要做的是，先爬到山顶，随便踢块石头下去。”他只会让自己立于不败之地，然后精心打磨。在创办小米科技的时候，他采用的就是这个方法。雷军先是低调地成立了公司，之后又以第三方名义开发了MIUI系统，即便是在招聘职工的时候都不说自己是真正的老板。直到2011年7月12日，雷军在沟通会上说了一句话：“我不仅是投资人，更是小米的创办者和CEO。”这时候，人们才知道雷军在互联网圈子的强势回归。

“这次操盘小米公司，我有一个理念，我们一定要开开心心的，顺势而为，我不想把小米公司办成一个类似于金山那样苦难深重的公司，那已经是过去时了，我们要强调幸福指数。”雷军如是说。

雷军一心一意地为小米手机做了很多的前期准备，产品线路遍及手机硬件、操作系统及软件服务等领域。另外，他还组建起了自己的豪华团队，低调而神秘地研发小米产品。雷军说：“小米并不是想靠其硬件获取盈利，它的出生只是为了硬件、软件更完美地无缝契合，为用户提供更流畅极致的内容、服务，提升用户的手机端移动互联网体验。”这种布局的想法其实也是为小米积攒更多的人气和“粉丝”，以便小米手

机能够得到更多用户的认可。

“雷军从一开始打的就是一场三维的战争，玩法完全不同于传统手机厂商。”迅雷联合创始人邹胜龙说，“小米把中国手机行业的竞争，从冷兵器时代直接带到了现代战争。”

雷军认为互联网公司最终盈利点是通过服务赚钱，不是通过硬件。未来手机的一个发展趋势是“铁人三项”：终端+内容+服务。“我认为苹果启动了新手机时代以后，游戏规则就是铁人三项，到今天比赛进行了四年半，苹果一骑绝尘。”

雷军希望小米手机靠其口碑来赢得市场。在他看来，口碑效应的核心是超预期。他曾经在博文中这样说：“海底捞就真的比五星级餐馆好吗？一去那里乱糟糟的，真的好吗？很多人说口碑就是好，口碑就是因为便宜。我要告诉大家，其实不是的，口碑的真谛是超越用户的期望值。因为海底捞都开在很一般的地方，当我们走进去的时候，它的服务超越了我们所有人的期望值，我们觉得好。当我们去五星级餐馆时我们期望值很高，怎么可能超越呢？我去了一次据说是全球最好的迪拜帆船酒店，一走进去金碧辉煌，但是我觉得无比失望：怎么这么土啊！其实它是不错的，只是我的期望值太高了。”

而雷军之所以要低调创业，就是想要达到这种超越预期的效果。过去的几年时间，他投资了近20家企业，这些企业的融资总额已经达到了10亿美元。在他投资的这些公司当中，最成功的要属凡客、UCWEB和YY。雷军做了20多年的互联网，可以说已经是“老革命”了。有人曾经说他是创业导师，但是大家不知道的是，雷军最烦的就是创业导师。用他本人的话来说：“我一当导师我就不能死了，一死多难看，老师给搞死了。”创业这件事没人能够做导师，毕竟谁都会犯错误。他说，自己出来做小米，也很有压力，这个压力主要是面子上的压力，这也是很多成功者在创业时遇到的问题。

拉卡拉创始人孙陶然曾转发了一条雷军参与创建小米公司的微博，

“我刚转发，就接到他电话了。”之后他删除了这条微博。雷军的不少朋友也是在小米成立近一年后才知道他创业的消息。“这次创业，是在极度保密的情况下做的，在没人关注与讨论的时候，可以真实地去尝试自己想要做的。”雷军说。

他后来开玩笑说：“我们为什么一直很低调？因为我们当时就想好了，事情如果做成了那最好不过。万一做不成，我们就说自己从来没做过！”

成功者大多赶上了好时候，因为在他们创业成功以后，很多人就把这些人神化了。雷军的投资虽然做得很不错，他却并不想借此机会把小米炒作起来。做了20多年的互联网，他看过太多的起起落落。他比谁都明白，成功一定要顺势而为，一定要把握好运气或者是机遇。小米不是巨头，只是一个小公司，小公司就应该有小公司的态度。兢兢业业做公司，不夸大，不浮夸。因此，在小米的前两年，雷军尽量保持低调的做事方式。

低调而为，厚积而薄发。事实证明，雷军的这套低调创业法成功了。原本计划第一年卖30万台的小米手机，没想到竟然卖出了700多万台，紧接着第二年就卖了1870万台，300多个亿。“从创业角度来讲，我们第一步应该已经成功了，很核心的原因就是我们运气好，而不是我们有多大本事。在对的时候，干了对的事情。毫无疑问，我们找对了一个风口，连猪都能飞起来的风口。能引起这么大的关注，有这么多人知道，这就是形势比人强。”雷军说。

对的时间做了对的事，所以他成功了。

第十二章

回归金山，金山是雷军的根

三年后的临危受命，雷军接替求伯君

2011年的7月，雷军在微博上上传了一张照片，夕阳余晖中，雷军、求伯君、张旋龙三人并肩站在北京金山软件大厦前，画面宁静和谐。这张照片显得很难得，因为这可能是这三人最后一次站在这座大厦前合影了。让很多人大跌眼镜的是，就在这张照片拍摄前的两个小时，金山董事长求伯君正式向外界宣布，此后将从金山卸任退休，而雷军则重回金山，接替求伯君的位置，担任董事长一职。

雷军这次回来，多少有点临危受命的意味。

2010年，雷军创办小米后没多久，求伯君开始频频动员雷军重回金山。到了2010年年底，为了成功说服雷军，求伯君甚至联合张旋龙，隔两天就会去找雷军，两人轮流游说，连番轰炸，直至说得口干舌燥。雷军却面露难色，不断解释说，小米是他这辈子做的最后一家公司。若小米做不成，他一定就此金盆洗手退出江湖。小米那边事情又多，压力又大，实在是没精力接管金山。

求伯君却拍拍他的肩膀，说雷军这会儿已经投资了20多家公司，当了那么多董事长，再加一家金山肯定不成问题。

那段时间，是求伯君管理金山压力最大的时候。在很多人看来，求伯君是软件天才，是“WPS之父”，却不太适合做一个经理人。他性格宽厚实在，在业内人缘很好，但这种性格对于一个管理者来说，有时候却显得过于软弱。求伯君一直主张“退休要趁早”。自1988年加入金山之后，求伯君曾多次“抱怨”说，自己“闹革命快30年了”，“也该差不多了”，但他毕竟是金山的董事长，肩上的担子实在是太重了。这重担，他轻易不敢卸。何况，金山前前后后折腾了5次，历经了整整8年才顺利上市，在这段艰辛奋斗的征程中，他又怎能将并肩作战的伙伴们抛下，独个儿去“享清福”？

2007年10月，金山终于成功登陆香港联交所，上市梦一朝实现，便为求伯君的退出奠定了丰厚的物质基础。作为金山第一大股东，求伯君手中握有19.33%的股权，金山上市后，求伯君出手了9.79%的股权，套现金额达到了5.57亿港元。《梦想金山》这本书曾说求伯君淡薄、单纯，充满想象力和童心，像是一个与世无争的世外高人，从他的选择中就可见一斑。就连求伯君自己也深深觉得，他不是一个擅长管理的人，他宁愿做一个“快乐的股东”，在找到合适的托付人之后，完全退出金山的日常管理。对于求伯君套现股权的行为，雷军表示很理解，他说：“我觉得求总有权利享受他创业的价值。”

1998年，联想入资金山，求伯君大力推荐雷军担任CEO，那时候，雷军已经成为金山软件公司的总经理。为了金山的发展，雷军可谓是殚精竭虑。有了雷军，求伯君顿时感觉轻松了很多，他就慢慢淡出了金山的日常管理。从1998年到2007年，雷军带领着金山迈过了一个个坡坎，攻克了一个个难关，终于将金山推上了辉煌的顶峰。雷军说：“每天十几个小时，每周七天，我把全部的心血和热情都倾注在这家公司里。”

这七年间，金山在网游领域内成果斐然，包括杀毒业务内的多项业务都成功实现了向互联网方向的转型，金山一步步蜕变成了拥有1800

多名员工，具有国际影响力的大公司。随后，金山成功上市，这一切都证明，雷军是一个多么优秀、多么有魄力的领导者。

求伯君对这一切很欣慰，可是让他没有想到的是，金山上市两个月后，雷军便卸任了CEO的职位，将全部精力放在了天使投资上。求伯君硬着头皮顶上了雷军的位置，然而，少了雷军的辅佐，求伯君渐渐显得力不从心起来。

接下来的三年里，金山的发展每况愈下，终于在2010年迎来了一波痛击。2010年前三个季度营收不断下降，原本占据主要收入来源的网游业务陷入了前所未有的危机之中，第三个季度比2009年第4季度整整下降22.5%。与此同时，占据金山应用软件大部分收入的安全业务被360强势“截胡”，收益一降再降，应用软件业务的环比也下降了16%。2009年，金山软件的股价最高达到了9.17港元，仅仅一年后，便暴跌到了4港元左右，差点跌破2007年上市前的发行价。那段时期，金山旗下多个工作室都出现了人才流失严重的现象，业务急需调整。

可以说，2010年，金山连连遭遇打击，求伯君的压力也达到了顶点，他有一种深深的无力感。他是那么的想卸下肩上的重担，他知道，只有雷军能够帮助他。于是，他联合张旋龙一起，频频游说雷军再度出山。

对于雷军来说，这却令他纠结不已。张旋龙曾透露说，他和求伯君至少跟雷军谈了二三十次，雷军才同意了他们的邀请。雷军的担忧也很容易被人理解，毕竟这几年，他都不在金山，而且他也有了属于自己的事业，在投资界做得很顺利。这几年，他发挥了劳模的本质，一路投资了包括多玩游戏网、拉卡拉、乐讯、7K7K、乐淘、凡客、UCWEB、小米科技在内的十几家企业，大家都对他的眼光和魄力称赞不已。雷军出任了多家创业企业的董事长，在各个创业企业的初期都花费了不少心血，这才收获了如今的成绩。

尤其是小米科技，从创办开始到现在，雷军对它倾注了几乎全部的热情和精力。年轻的时候，雷军一直梦想着能够创办一家伟大的公司，如同偶像乔布斯一般，而他在小米的身上看到了梦想实现的可能。雷军对小米亲力亲为，他卖力地宣传着小米旗下的所有产品，甚至邀请亲朋好友去扮演米聊客服的角色。

当求伯君第一次找到雷军的时候，雷军犹豫了一会儿，还是拒绝了求伯君的邀请。但随着求伯君、张旋龙拜访得越来越勤，雷军开始动摇了。旁人是无法深刻理解他对于金山的感情的，雷军22岁加入金山，38岁离开金山，16年里，他满脑子里想的，都是如何让金山变得更好、更强。雷军说，他对于金山的感情根本无法用金钱来衡量，更无法用语言和文字来表达。

在这种割舍不了的感情的驱使下，雷军最终还是同意了求伯君的邀请，在金山最危急的时候，回到了这个最初的奋斗地。他的临危受命，对于金山来说，意义重大，正是在雷军的带领下，金山才重新焕发出了新的活力。

主动求变，金山重新焕发活力

2010年，新浪科技曾发表过一篇文章，名为《金山上市三年之痛》。文章指出，金山在上市后便失去了目标，这是金山遭遇危机的主要原因。金山公司采用的是总体架构“一三二模式”，由不同的人负责不同的业务。就在雷军离开金山的那几年间，金山的内部管理渐趋混乱，变化可谓是天翻地覆。

2009年2月，金山将旗下游戏、办公软件、安全软件这三大业务分拆成了三大独立公司，然而，2010年，原有的管理模式出现了问题，金山波折不断，进入多事之秋。金山2010年第一季度的总营收只有2.457亿元，同上个季度相比足足下降了18%，净利润8970万元，同比下降了11%。就在金山财报发布的第二天，金山的股价暴跌11.9%，局势惨淡，令人揪心。

原本金山的网游业务是最有竞争力的，可是如今却面临重重危机。这一年，金山力推的“剑侠系列”四款游戏的收益虽然占据公司整个网游业务80%的收入，但因其题材单一等原因，业绩增长的速度明显地放缓起来。

2010年第一季度金山网游营收为1.617亿元，相比上季而言，环比下降5%。

不止如此，金山网游还遭遇了极其严重的人才流失现象。2010年年初，原盛大游戏吴裔敏空降为金山网游总裁，之后，原任金山软件执行董事兼金山游戏CEO的邹涛抛售了所有的股份，还向董事会提出了辞呈。竞争对手们虎视眈眈，盯准了金山研发与市场推广人员，甚至将整个市场部门“挖”空。这一切都使得金山元气大伤。

另外，金山在2010年虽然成立了金山安全子公司，并准备IPO，但现实情况是，金山软件在安全方面的危机显露得越来越严重。过去一两年间，360作为新兴网络安全厂商，逐渐有了崛起的势头。而360的免费策略的围剿使金山的业务范围一再缩水。5月下旬，金山与周鸿祎的360奇虎在微博上爆发了一场大规模的公关口水战，造成了极其负面的影响。面对周鸿祎一波接一波地“爆料”与攻击，金山退无可退，只能被动挨打。这场口水仗使得金山股价大跌12%，市值缩水了6个亿。

在这种情况下，雷军硬着头皮接下了金山重担。面对求伯君的厚望，雷军只能说，他会全力以赴，只盼能救金山于水火之中。2011年7月，雷军重返金山。在发布会上，面对媒体轰炸式的提问，雷军一遍遍强调着他对金山的感情和身上的重任。

上任之前，雷军就曾就金山目前出现的问题进行了透彻的归纳与盘点。第一，金山业务膨胀。业务繁多却不精细的现象成为金山的软肋之一。第二，金山缺乏在市场上绝对领先的业务。第三，金山面临危机，士气低迷。第四，金山逐渐被边缘化，对各路人才失去了吸引力。

想清楚了这些问题后，雷军又针对金山的优势进行了思索。

金山的工程师团队实力强劲。求伯君号称中国程序员第一人，金山从来不缺好的技术员工，金山更知道如何去寻找与培养真正优秀的工程师。国内有几年互联网竞争严重，各家创业公司对人才竞相争抢，虽然金山的市场营销人才流失严重，但工程师团队一直保持稳定，很少出现变化。这种“黄金团队”成为金山的金矿。

金山如今虽然士气低迷，可是好歹也曾在1990年代创下过巨大的成就。金山人经历了大风大浪，骨子里不缺热血和斗志，只要充分调动起员工们的积极性，不愁把公司做好。

金山虽然没有一项业务能够在市场上处于绝对优势，但金山的好几项核心业务目前还处在市场前三的位置上，这便是难得的资源优势，只要充分利用，便能从中受益。

1996年金山遭遇微软与盗版的双重夹击，为了存活下去，雷军采取了“以战养战”、稳健经营的路线。他将每一分钱都花在了刀刃上，从来不乱投资，所以金山现在的账户上还存有大笔资金。这笔钱虽然不被当前互联网的几大巨头公司看在眼里，却可以作为金山东山再起的资本。

想清楚了这一切后，雷军自信起来。他对自己、对员工说，金山有人才，有志气，有业务，还有钱，只要大胆改革，主动求变，就能改变被边缘化的命运。

雷军经常说，互联网有“七字口诀”，即专注、极致、口碑、快。重回金山后，他向金山高管反复强调这七个字，并将金山的企业文化重新进行了梳理，将以前复杂拗口的口号缩减为“志存高远，脚踏实地”。

重新梳理金山的核心价值观，是他解决的第一个问题。他深深明白梦想的重要性，只有梦想，只有凝练有感染力的价值观，才能引领金山一步步走出阴霾，向前迈进。

确定了核心价值观后，雷军开始着手实际的改革。他第一步实施的是“包产到户”，决策权下放，让站在前线的指挥官不受约束、游刃有余地改变战略，指挥“战争”。同时，雷军在员工的福利待遇上进行了大胆改革。在之前的体系里，金山面临着一个巨大的困难，即金山的三大业务薪酬的差异实在是太大了。

比如说，游戏业务现金多，照理说应该给予高工资高奖金，以及丰厚的福利。WPS拥有最明亮的前途，应该给予高期权，这样会给员工带来很大的鼓励。然而都在集团里，各部门攀比起来没完没了，如果制定一个统一的激励制度，最后又会变成了大锅饭，大家各种不满意。

做WPS就应该用股权激励，让他们朝着梦想去努力，结合不同业务形态给不同的激励，并且鼓励子公司文化的发展。同时雷军鼓励管理层去MBO（管理层收购），也就是利益配套，在这种文化特点下激励发展。

同时，雷军明确了公司发展的目标：全面推动移动互联网的转型，并集中公司主要力量聚焦于核心业务上。为了提升内部士气，雷军当机立断地决定，要实施子公司管理层的持股计划，大量引进先进技术、优秀的管理和经营人才。

雷军用了短短三年的时间让金山焕然一新，更是创下了很多突出成绩。比如说猎豹移动的市值突破了30亿美元，并最终在纽交所成功上市；比如说“西山居”“剑侠情缘3”得到了超高速的成长，虽然整个市场一度低迷，但金山手游市场的布局已经粗具规模；比如说金山WPS在政府及企业的市场份额逐步提升，在移动市场上的成绩更是亮眼；更值得一提的是整个集团也孵化了崭新的业务——金山云……

2014年，金山软件董事长雷军向全体员工发布了一封内部邮件。邮件中，雷军宣布将金山软件董事会授予自己的400万金山软件受限股分给金山员工，以此作为奖励。他说：“三年前的7月6日，我接受了董事会重托，出任金山集团的董事长……我当时压力巨大。最终，我还是接受这个重托。因为，我爱金山！我在金山20多年，我的青春年华都在金山。我永远希望，金山能够成为一家伟大的公司，我永远希望，每个金山人无论面对多大困难都能抬头挺胸面对这个世界！”

雷军的口气诚挚无比，是的，他爱金山。正是因为这份沉甸甸的爱，才驱使他再一次临危受命，驱使他大刀阔斧地改革，主动去求变。而金山，也不负众望，终于重新焕发出了新的活力！

从CEO到董事长，雷军找到了合适的接班人

选择重回金山，雷军的内心是复杂的。一方面在金山工作的16年时间，是他从懵懂走向成熟的关键时期，现在自己所获得的一切，可以说与金山是分不开的。但另一方面现在雷军已经拥有了小米科技，并且在风险投资领域也做得风生水起，可以说雷军的未来已经十分平稳、清晰。这可以说是一次理智和情感之间的抉择，雷军选择了后者，但他知道并不是自己的理智被情感所支配了，而是在理智的指引下，自己做出了选择。

雷军回到金山，求伯君选择了退休。此时金山的境况并不乐观，除了营业收入逐季度降低外，360等新生的网络安全企业对金山展开了全方位的冲击，360安全软件的免费策略更是让金山的处境雪上加霜。业绩的不断下滑，也导致了人才的大量流失，竞争对手抓住机会，大肆挖掘金山的人才。可以说雷军所接手的金山虽然还没有变成一个“烂摊子”，但如果不加以改变，迟早也会“烂掉”。

回归后的雷军从CEO变为了董事长。对于雷军而言，寻找一个合适的CEO来帮助自己处理金山现有的问题成了他最先考虑的问题。早

在雷军从金山离职时起，金山的管理层就已经开始寻找能够替代雷军的CEO，却一直没有找到一个合适的人选。最后不但CEO没有了着落，董事长求伯君又要离开。虽然雷军回归填补了董事长的位置，但寻找CEO对于金山来说依然是一件难事。

金山不仅拥有软件方面的业务，金山的游戏也是其发展的重要支撑，所以要寻找一个既懂软件，又对互联网游戏感兴趣的人，实在是不容易。

在离开金山这段时间，雷军成为一名天使投资人，在接触到许多具有市场潜力的公司的同时，雷军也认识了许多各具天赋的人才，他们涉及各个行业中的各个领域。游戏、电商、科技、搜索，雷军天使投资人的经历极大地扩展了他的人脉资源。

雷军很快在自己的人脉网络之中发现了最适合金山的CEO人选，他就是微软亚太研发集团首席技术官兼微软亚洲工程院院长张宏江。金山的董事会一致通过了邀请张宏江出任金山CEO的决议。金山内部达成了一致意见，下面的任务就是开始“三顾茅庐”了，但从事情的进展来看，邀请张宏江担任金山CEO这件事看来是“襄王有梦，神女无心”了。

金山动用了许多董事会成员和高管，却都没有成功邀请到张宏江博士。但雷军知道金山的CEO只能由张宏江博士来担任，在张博士的身上有着金山所必需的能力和品质。作为计算机视频检索研究领域的“开拓者”，张宏江博士在这一领域享有盛名，不仅拥有优秀的技术能力，还拥有着丰富的管理经验。他不但参与创立了著名的微软亚洲工程院，并且还担任了院长。

而从金山的角度来看，技术无疑是金山发展的重中之重，也是金山能否走向未来的关键。拥有20多年历史的金山，也非一个初出茅庐的人可以驾驭的，丰富的管理经验及出色的协调能力，都是金山CEO必不可少的能力。而这些也正是张宏江博士身上的优点所在。

雷军知道张宏江博士的顾虑所在，和自己一样，张宏江博士在微软已经工作了10年以上，单从情感方面，就是很难割舍的。更何况与微软相比，金山显然不是一个量级的公司，所以无论怎么去想，也不会有人主动放弃微软的工作，而加入正陷入危机之中的金山。但对于雷军来说，张宏江博士是金山必须争取的宝贵的人才，所以雷军决定亲自上阵，用真心真情和未来去说服这位行业巨擘。

在雷军与张宏江博士的几次谈话之中，雷军对于金山的现状和未来进行了仔细分析和规划，他的演讲总是绘声绘色，十分具有感染力，这也正像极了他的偶像乔布斯。雷军在谈话之中并没有不断地劝说张博士加入金山，他一直在谈金山的发展，虽然已经离开了几年，但对于这些他却是如数家珍。雷军的这种方式渐渐地打动了心存顾虑的张宏江博士。最终，张博士加入了雷军这艘虽然现在岌岌可危、却充满美好未来的航船。

张宏江博士在解释自己加入金山的原因时曾说到自己希望寻找到一个能够创造“不同”的地方。张宏江并没有经历过太大的波折，他在微软的工作也是顺风顺水，但在内心之中，却始终拥有一种寻找新梦想的冲动。不得不说，雷军是个充满激情的人，他用自己的激情感染了张宏江博士，也唤醒了沉睡在张宏江内心的那种追求梦想、创造不同的冲动。

对于张宏江的到来，雷军表示出了极大的欢迎，他认为在张宏江的领导下，金山能够重新找到自己的前进轨道。而在雷军的帮助下，张宏江很快便适应了金山的工作，提出了一系列的改革金山的措施。雷军的回归和张宏江的加入让处于混乱低迷之中的金山，经过了几年的努力，重新焕发了往日的活力。

第十三章

野蛮生长，让业内高呼“雷布斯”

一鸣惊人，小米模式震慑手机市场

小米创立之初，雷军就有一个想法，要将小米做成“铁人三项”（“铁人三项”是2000年悉尼奥运会新设的比赛项目，先进行1.5公里的游泳，然后是40公里的自行车比赛，最后是10公里的长跑。所有选手一齐出发，三段比赛之间不能有任何停顿。而各段比赛之间的转换对运动员的成绩非常关键）公司，即MIUI、米聊、小米手机，涉足硬件、操作系统、互联网应用三个层面。七个创始人分别来自软件、硬件、互联网领域著名企业微软、谷歌、摩托罗拉，甚至一半以上的研发队伍都是来自这三家公司，称得上豪华阵容。并且，他还为小米选择了包括夏普、三星、TPK、Wintek和德赛等在内的生产商，这当中多数都是苹果的供应商。

雷军把苹果和微软、谷歌、摩托罗拉三家的手机做了一个对比，他发现，苹果手机融合了后三家的手机优势，且略有胜出。当然，各家的手机各有优势，其中某款手机也有苹果不具备的优势，但是综合起来看的话，苹果手机却远远地超过了其他几种。既然苹果的铁人三项模式“软件+硬件+互联网”备受业界认可，那么雷军得出一个结论：要想成功创办一家移动互联网企业，就要做到软件、硬件和移动互联网三种资源的高度匹配。

刚开始，雷军并没有找到占领手机阵地的切入点，直到后来一款具有手机通讯录功能的社交软件Kik的出现，给了雷军灵感。雷军在创新思想的启发下，决定模仿Kik做一款即时通信软件。一个月后，米聊横空出世，并很快成为小米的先锋。上线半年，米聊的注册用户就已经达到200万，成为小米重点打造的互联网产品。

Kik基于手机通讯录直接与联系人建立连接，并通过流量通道完成短信聊天，是一款功能特别简单的手机软件，但它也有一个缺陷，就是不能发送照片和附件。尽管有这一缺陷，Kik也受到了很多人的青睐，仅上线15天就吸引了100万的使用者。看到这个商机的人并不在少数，除了小米之外，飞信、开心网和盛大等也在研发中国版的Kik。

但是简单的复制并不是一个企业长久发展的正确方向，雷军觉得米聊应该在模仿Kik的基础上进行创新，米聊需要转型。所以，在这种思想下，米聊就开始不断地进行元素丰富化，以此来增加用户在产品上的停留时间。譬如微博上的广播、名片、对讲机、语音群聊及图片分享等功能。

在200万注册用户中，有60%-70%的使用者是年轻人，用户群体正从IT圈向学生族群发展。米聊最活跃的使用时间是中午的10-12点，以及晚上的10-12点。渐渐地，雷军从米聊用户的统计数据中总结出了一条规律：用户的使用需求并不是以通讯为主，更多的是娱乐需求。这个时候，雷军对于米聊的定位开始明朗化了。他想起了Facebook，一个奇妙的设想在他的脑海中形成，若是在小米上安装这样一个软件，那该是多么完美的组合！于是，米聊渐渐地发展成一个类似于Facebook的产品：依靠手机通讯录的关系建立米聊ID，而后围绕这个ID捆绑更多的社交产品。米聊的“好友”也采用双向认证机制，这就能足够的保证用户的隐私性，为用户自由地聊天氛围提供保障；而“广播”则是公共墙，未来或采用单向关系往微博方向转变，并支持图片分享。用户在填写“名片”后，系统将根据名片中的关键词自动推荐与用户匹配的好友。随后，将米聊与小米科技旗下产品，基于Android的手机操作系统MIUI进行了整合。这样，一个“Facebook”就在集合了苹果“铁人三项”的手机上扎根落户了，对此，雷军形象地说：小米=苹果+Facebook。

但雷军不认为这是简单地将两者模仿叠加，他说：“互联网行业的规律：击败雅虎的不是另外一个雅虎，是谷歌；击败谷歌的是Facebook。做中国的苹果根本没戏。再看长久一些，你一定会发现小米和苹果走了完全不同的道路。”

很多人都曾问过雷军一个问题，市场和大势对每个人都是平等的，为什么他人学不会小米模式？雷军说，小米模式的背后，是互联网思维的胜利，是先进的互联网生产力对传统生产力的胜利。具体展开，又是雷军常讲的七字箴言——专注、极致、口碑、快。雷军指出，Android仅仅发布了三年的时间，就占据了非常高的市场份额。微软做手机操作系统做了十年，Google做Android系统三年就将其超越了。作为一个在业界摸爬滚打多年的IT老兵，雷军见过太多企业的荣辱兴衰，稍微一个不留神，就会很快地被甩到互联网行业的末尾，这是行业规律影响下必然出现的结果。所以，雷军总结说，“互联网七字诀”是小米模式的核心，也必将是小米模式永远的核心，小米创立并实践的小米模式，一定会永远持续下去。

不打价格战，雷军另辟竞争蹊径

互联网竞争是激烈的，在美国乃至全球，基本上是赢家通吃。在残酷的竞争里面，只有把自己做到极致，才能生存下来。传统企业打价格战，互联网从不打价格战，因为他们一上来就免费。小米也是从不打价格战的公司，而是直接卖成本价。这是因为小米所在的互联网企业环境一上来就假定对方全无还手之力。狭路相逢，勇者胜。面对市场变化，互联网公司必须足够快，及时对用户需求做出反馈。

那么，小米又是采取什么方法来销售自己的手机呢？雷军的回答是，以成本价格借助互联网的方式进行产品销售，不设线下渠道，最大规模地减少中间渠道的成本，大大降低了手机价格的门槛。小米手机直接面对终端消费者的策略，让小米手机在同等配置下更具价格优势。

此前，雷军曾对传统手机的售价做了解析，他说传统手机的售价中，除了软、硬件和其他的生产成本之外，还包含了渠道、门店成本，这些最终都会间接地转嫁到用户的身上。而小米手机是要打造一个网络手机品牌，所以它采用的完全是线上销售，主要是为了去掉中间渠道和零售店的成本，提供低价格、高品质和高服务的顶级手机。

这与雷军布局“互联网思维”售卖手机的观点是一致的。

而关于互联网思维，雷军在2014年IT领袖峰会上做了相关解答。在他看来，虽然“互联网思维”是最近几年特别热门的词语，但雷军早就亲身经历过，所以，对于互联网的发展，雷军有自己的见解。在他看来，互联网是一个全新的方法论，最核心的是口碑，也就是20世纪80年代IBM谈的用户满意度，90年代微软谈的用户体验。所谓的互联网思维就是用户口碑。雷军创办小米的时候就明白，没有任何一种推广形式比用户口碑更重要。

而小米的联合创始人周光平也同意雷军提出的用互联网的方式来进行产品开发。那就是，好的产品是由用户来定义的，而不是开发产品的工程师。要弄明白用户需要什么，再将他们需要的东西做出来，而不是自己首先做好了，拿出来给他们用。小米手机选择走的是最彻底的互联网模式的道路，这就要求他们听取用户的声音，快速试错，快速更新。

雷军强调，小米手机非常注重四大策略：专注、极致、口碑、快，用互联网思维做手机。

他还表示，倍数成长是互联网公司最基本的原则，不仅包括业务成长，也包括对用户服务的反应。整个互联网公司要把用户体验、用户口碑一步一步推到极致，这才是互联网给传统产业带来的最重要的思想。

在雷军看来，口碑的传播就是超预期，它对产品特别重要。很多人觉得好产品有口碑，也有人觉得便宜产品有口碑，但世界上好产品很多、便宜产品很多，又好又便宜的产品也很多。其实，口碑的传播就是超预期。如果你在一个咖啡厅用苹果手机打开浏览器在那么小屏幕输账号密码，你不很痛苦吗？当你跟服务员要密码的时候，第一次要的不对，还要要第二次。你掏出小米手机，他自动问你是不是连接，你说是，自然就连上去了。

雷军说，互联网思维方法论的核心是用户的口碑，只有口碑达到了，才会产生预想的“核爆炸”。那些口头上把用户当上帝的都是骗人的，只有把用户当朋友才能获得良好的口碑效应。当小米手机要发布的时候，有人拿出3500万广告预算，让雷军为小米做广告，做PR。但雷军拿起预算表就撕了。在他看来，只有口碑才是小米想要追求的。

另外一个塑造良好口碑的途径就是积极地鼓励用户参与。用户参与是口碑效应形成的一大因素，因为经过用户参与体验改进之后，手机到达他们手中时才会得到他们更大程度的认同感。雷军和他的团队积极地鼓励400万、500万用户一起参与整个手机设计，甚至是全球用户都参与其中。他们把用户当朋友，用户才会向他们提出自己的看法。这样，小米的发展才会更加的长久，才会赢得更多的用户信赖。

2011年8月29日，小米手机的电商平台，正式对外开放，开始接受消费者的购买订单。在雷军的这种互联网思维的引导下，小米手机成为互联网上第一个手机品牌。因为它采用了互联网的模式进行开发审计，利用了互联网的方式进行销售，甚至是从产品的开发、生产者与用户的互动、商业模式乃至生态链建设各个层面，都贯彻了互联网的思维模式。因此，有人说，小米手机的竞争力是雷军自己开发出来的新模式。

口碑是雷军用互联网思维做手机的一个核心，有了良好口碑之后，手机最重要的还是要实现有效的销售。就目前来看，小米手机的确已经实现了完全的在线销售，却并不是人们想的那样，直接在凡客、乐淘等一些电商平台上进行销售，而是购买域名自建电商平台，这就去掉了中间渠道、门店的成本。并且在电商平台筹办的过程中，小米还借鉴了凡客、乐淘等相关网站的经验和资源，力图建立最完美的销售体系。至于配送服务，则大多采用凡客的物流配送体系。

雷军很庆幸自己为小米找到了一种可持续的发展方式，因为智能手机的竞争愈演愈烈，想通过硬件获取高利润已经不可行了。而小米作为一种纯互联网品牌的手机，采用的是互联网销售方式，这在未来还能走得更远。

事实上，雷军这几年关注的领域一直都是移动互联网和电子商务，而小米手机则将他关注的这两个领域进行了一次合体：采用电商的方式降低消费者的成本，让更多的人拥有终端，然后再通过顶级的配置和较好的移动互联网应用与服务来留住客户，逐渐形成口碑效应。等到拥有了足够多的用户之后，那么离盈利就近了。

“粉丝”经济，小米为发烧而生

小米是“粉丝”经济的集大成者。在小米创立之初，就把其营销定位于“走群众路线”，通过与用户交朋友，营造参与感，并借助社会化媒体将口碑放大。

小米的销售成绩也有目共睹。雷军曾在2013年公布营收报告，

2012年，小米销售手机719万台，实现营收126.5亿元。在这次发布会上，雷军多次提到了“米粉”们对小米的贡献。在雷军看来，“粉丝”和用户是两个不同的概念，用户黏性不强，而“粉丝”具有极强的聚合力，用户是没有选择的时候才会选择自己，但“粉丝”却是真心实意地支持自己。

不了解情况的人，很难想象“米粉”的狂热程度。在小米成立两周年的发布会上，上千“米粉”从各地赶到北京，雷军在台上一呼百应。用于在发布会上进行现场销售的10万台手机，仅用了6分5秒就全部被一抢而空。而在广州、武汉等地，小米之家本来是上午9点上班的，可很多“粉丝”在8点的时候就已经到门口排队了。每一家小米之家成立的时候都会有人送花、送礼和合影，甚至还有人专门为小米手机作词、写曲。

在前期销售的时候，小米内部制定了三个传播的核心要素：核心用户，精彩的故事和话题及高效的传播渠道。何为核心用户？在2011年苹果4开始风靡世界时，高昂的价格也让很多人望而却步。基于这样的考虑，小米将自己定位于“为发烧而生”的高性价比手机。将一群希望拥有智能手机而又付不起苹果昂贵的费用的人群聚集在一起，为智能而发烧。这是小米的初衷。

有了核心用户之后，创造精彩的故事及话题，让用户充分参与其中，引起共鸣。作为小米自己拥有的官方平台，小米论坛主要用于沉淀用户，收集粉丝反馈的信息。“为发烧而生”是小米的口号，在创业之初，小米完美地完成了发烧友的聚集。“米粉”对于科技，对于智能的狂热和喜爱，推着小米成长发展壮大。作为第一个与用户之间建立直接沟通渠道的企业，小米无愧于粉丝经济的集大成者。

不仅如此，甚至小米手机在正式发售前的最后一次小范围的“公测”，也是由MIUI论坛的发烧友们完成的。在小米内测期间，为了测试小米网购系统的性能，小米网电商开发团队真去买了数箱可乐。“要做就做得够低价，让人不得不心动。”时任小米营销总监的黎万强曾表态。

就这样，一毛钱一听的可乐成了小米网系统上的第一款商品。开测期间，小米网后台每天中午限定时段就开始了日后惯见的疯狂抢购，打印机在堆满可乐的办公室里不停打印快递单，一群志愿员工扮演快递员在不同办公区间来回奔忙。一个月之后，小米网正式运营，只不过将可乐换成了手机。另外，粉丝文化还有一个重要的特点就是开放。传统手机行业的研发模式是非常封闭的，雷军的小米手机研发上有很大不同。雷军采用的是一种非常开放的互联网研发模式，他不“闭门造车”，而是采取用户参与的方式，广纳用户的建议来进行针对性地研发。在小米的操作系统MIUI的研发过程中，有很多的模块都向外开放。小米有一个自己的粉丝社区，在这个社区中，链接了全球的发烧友，让他们一起来帮助小米完成相关的研制工作。

网络是培养“米粉”的重要平台，而微博则为这些“米粉”们提供了一个聚集的地方。作为微博较为活跃的用户之一，雷军可以说将微博玩到了极致。根据2013年的统计数据，新浪微博上“小米公司”的粉丝已经达到了153万，“小米手机”的粉丝也有152万。在微博上，“米粉”们对于小米手机的反馈也特别热烈，这就扩大了小米的宣传效应，减少了营销成本。

因为“米粉”的积极参与，这才有了小米手机的快速发展。有人说，小米手机是专为“米粉”而生的，事实也确实如此。小米先前通过MIUI积聚起数量庞大的手机发烧友，他们对于理想手机的标准也就成为小米手机“为发烧而生”的核心定位。

用雷军的话来说，发烧是一种文化。譬如单反相机、HiFi音响，这些老百姓们都玩不起，即便是经常挂在嘴上的苹果手机，对于普通人来讲也是一种高消费。但是具有发烧级硬件配置的小米手机，走的却是亲民路线。

2011年8月16日，雷军在798艺术区召开了小米的第一届发布会，发布了代号为“米格机”的第一代小米手机。这台外观朴素的手机，定价1999元人民币，号称顶级配置：高通双核1.5G，4英寸夏普屏幕，通话时间900分钟，待机时间450小时，800万像素摄像头。这是小米手机带着顶级配置的标签初次登场，而之后这个标签也伴随着小米参与到了每一次的发布会。

小米手机销量之所以得到快速的增长，最主要的原因就是因为它对用户需求的准确把握。这些主要来源于那些发烧友提出的改进建议。在小米论坛上，每周都可以看到两三千篇用户反馈的帖子，其中也有很多深度体验报告。包括雷军在内的合伙人每天都在做一系列的客服工作，亲自解答用户的提问。雷军说：“苹果的更新是一年一次，谷歌是一个季度发布一个版本，而小米则是一个星期发布一个版本，风雨无阻。”小米每周更新四、五十个，甚至上百个功能，其中三分之一来源于“米粉”。而小米的最大创新之处就是能够根据数百万用户意见进行软件更新，和“米粉”们一起做好手机。

在互联网发展前十年里，整个行业正处于起步阶段，当时只要敢想敢干，都能获得市场认可，从而迅速发展起来。但最新鲜的时期已经过去了，用户鉴赏能力提高，手机市场竞争残酷，越来越多的互联网企业认识到，只有做好产品，贴近用户，和用户交流，才能让产品迅速发展起来。

雷军始终坚持口碑营销，走互联网核心路线，注重与用户的沟通。雷军说：“我不在意最终的销售数字，最重要的是用户满意度，如果大部分用户不满意，那么卖出去多少台也没有意义。”在他看来，他更关注在卖出第一千台、一万台的过程中，用户获得的体验是不是足够好，这样才能支撑小米长期的发展。

争议雷军，“饥饿营销”是个伪命题

几乎不投广告，只在官方网站上限量售卖，抢购、断货时常发生，凡客、金山等IT企业高层免费站台宣传……2012年，小米的另类营销法，取得了不俗的效果，手机销量一路攀升。但也有业内人士指出，小米不过是模仿苹果的“饥饿营销”。

外界认为，所谓的“饥饿营销”，就是在产品研发阶段抛出一个又一个包袱，而每个包袱都会赢得用户的关注，当用户的胃口被吊足的时候，发布产品，这个时候产品的营销效果能达到最佳。比如苹果将iPhone的所有细节保密了长达30个月，直到发布会的最后一刻才揭开谜底。严格的保密制度是为了控制饥饿的强度，饥饿营销也是一种口碑营销，利用大家对信息的关注造成口碑传播。苹果让消费者和媒体对其信息极度渴望——从对于iPhone外观工业设计的臆测和猜想，到其商业模式的实施。外界都在议论苹果正筹备的新产品，苹果自己却闭口不谈，任何与之相关的资料都被刻意隐藏起来，直到正式发布的那一刻。

在已经推出iPhone的市场自不必说，在中国这个苹果从未做过任何广告宣传和公关攻势，而且并没有正式进入的市场，通过个人携带和走私渠道获得的破解版iPhone在几个月内达到了一个令人吃惊的数量——40万部。有人曾对苹果产品的相关发售环节进行了梳理，发现苹果在中国的整套营销环节特别的紧凑，仔细观察的话就会发现苹果的精心布局。从2010年iPhone4的发售到iPad2再到iPhone4s，苹果的传播在全球表现为一种曲线状态：发布会、公布上市日期、等待、上新闻报道、通宵排队、正式开卖、全线缺货、黄牛涨价。

有业内人士评论说，苹果的发展完全符合“饥饿营销”的营销策略，它在中国的份额主要是通过“产能不足、饥饿营销、黄牛囤货”这几个步骤一步步占领的。任何与苹果和iPhone相关的信息都会引起用户的极大兴趣，通过互联网，这些信息不断受到追捧。

有人说，小米正在复制苹果的营销道路，利用其忠实“米粉”对其新产品资料的强烈需求作为小米营销活动的带动者，从而激发潜在消费者的关注热情，达到销售目的。

事情当真是这样吗？

2012年12月8日，作为小米科技董事长兼CEO的雷军接受了采访。

在回答记者提到相关问题的时候，雷军说，小米的成功85%是靠运气，主要原因是因为移动互联网这个大方向选对了。在问到小米的营销是不是“饥饿营销”的时候，雷军则说，所谓的“饥饿营销”是一个伪命题，因为它违反了商业逻辑，而小米走的并不是这条路。

雷军曾在采访时解释道，有货压着不卖是违反商业逻辑的。一台小米手机售价2000元，50万台就是10亿元，而小米手机的供货周期是3或4个月，也就是说，在一台手机制造好的前4个月，就需要把货款支付给零件供应商。为了缓解资金上的压力，自然是货物流通得越快越好，倘若小米手机采用“饥饿营销”频繁断货的话，肯定会带来资金上的压力。频繁断货，还会给消费者带来坏的体验，更不要说促进销量了。所以小米的营销方式和所谓的“饥饿营销”并不一样。

雷军把限量、断货的原因，归结为供应商的产能不足，主要是CPU供应商高通的产能有限，用户的需求量超过了他们的生产量。大量高端定制器件有着很复杂的生产环节，过大的用户需求量和略慢的生产之间形成了一定的矛盾，这才出现了供货不足的问题。这一点上，雷军特别地希望得到人们理解，因为小米是一个刚刚起步三年的公司，它还需要时间成长。

小米手机的售卖方式，从一开始就跟传统的手机经销商不同。2011年8月以前，当时的中国还没有网站直接销售智能手机，在网上卖手机的最多也只是借助第三方网站，譬如淘宝网、京东商城等来销售手机，人们购买手机大多还是选择到实体店或商场。小米手机一开始就选择了不走寻常路，在官网上进行直销。而且小米手机还不投广告，限量售卖，即使是这样另类的销售方式，小米的销量还在节节攀升。

据说，在小米公司创立初期，雷军就这样的销售模式和一些员工进行过沟通，却被对方提出了尖锐的质疑。因为此前从来没有人成功过。谷歌曾在Nexus One这款产品售卖时尝试了线上直销的方式，最后却失败了，所以很多人质疑雷军的做法。他们认为小米手机也不能走网上直销的路子。雷军却说："谷歌的尝试之所以失败是因为谷歌不懂电商，我很懂电子商务，我曾经参与投资创办卓越和凡客，所以小米有自己的机会。"并且，雷军在最初创办小米的时候，初衷就是想以互联网公司的方式来出售手机硬件，并以此为用户提供高性能硬件、软件和互联网"三位一体"的服务。所以，在雷军看来，小米最大的竞争力不是靠售卖硬件赚钱，而是借助互联网的服务来赚钱。

雷军觉得，创业者要信命，要顺势而为。雷军说过，如果逆势而为，就算你付出了十倍于他人的努力，可能也不会成功。金山以前做软件，这个行业整体面临互联网、盗版的冲击，而小米能成功，首先是因为移动互联网这个大方向选对了。

雷军觉得，小米成功的精髓在于开放："系统研发平台MIUI是开放的，研发者可以开发各种程序；销售平台是开放的，消费者可以提出自己的软件要求，小米的研发人员马上开发。可以说，消费者也是小米的制造者。"

如今的中国手机市场发展，已经可以用百家争鸣来形容了。入驻中国的国外大牌手机厂商、几大系统，以及国内已经成规模的手机企业，几乎全部都陷入了一场白热化的竞争之中。为了获得竞争优势，许多手机厂商也在寻找一种新的营销模式，毕竟如今的手机行业竞争压力越来越大，利润空间也在不断减少，倘若还坚持过去的营销模式的话，即便拥有再多的资源，再优秀的工程师，也很难长久发展。小米作为手机行业的后来者，它采用的就是一种新的营销方式。

话题营销，雷军最擅长的是制造话题

小米是很少做互联网之外的营销的，它一开始的路径是基于MIUI论坛深耕内容，吸引大批用户，形成口碑。在小米手机发布后，它开始大举经营社会化媒体，小米的微博异常完善，企业或产品微博@小米公司，@小米手机，论坛微博@小米社区，领导人微博@雷军，@黎万强，粉丝团微博@小米粉丝后援会等微博一应俱全，形成矩阵之势，相互之间交相辉映，与大批忠实的“粉丝”一起构成庞大的微博营销体系。小米的微博营销，体系庞大，时而搞个类似发布“我爱小米”赢取免费手机活动，便会使话题登上微博的热门话题榜。

时间追溯到2014年7月10日，小米董事长雷军突然在微博上发布了一条消息称，小米公司将在7月22日召开小米2014年度产品发布会。这本身没有什么惊讶的，微博上的插图却让人浮想联翩，一个比较大的数字“4”再加上“一块钢板的艺术之旅”这句话。人们不禁猜测，这会是“小米4”吗？雷军究竟想用这个“4”表达什么意思呢？

当天，雷军的这条微博成了网络热点，无数人到雷军的微博底下评论，这个“4”究竟是什么意思。人们第一个反应就是“小米4”将要发布了，也有人猜测说，“4”代表了4款产品，分别为小米3S、4G版的红米、小米手环、MIUIV6，也有人猜测这个“4”代表了其他的含义。雷军在发布了这则消息之后，倒是变得静悄悄的，他既不向“米粉”解释“4”的含义，也不趁此机会对自己的产品做过多的宣传。本以为，雷军的不回答会让“米粉”们偃旗息鼓，不会再对“4”的含义进行猜测，没想到的是，这种做法却让讨论愈演愈烈。“米粉”们在对“4”的含义进行猜测的同时，对于小米公司在这一年的产品发布会也变得更加期待。

雷军不为小米投广告，他说互联网时代，传统的广告模式已跟不上小米手机日新月异的发展，但他力挺自己的产品，同时也利用自身的影响力，为小米手机做宣传。

雷军深知，现在是“粉丝”经济时代，只有与用户交朋友才能有更好的生存基础。传统的营销方式属于昙花一现，虽有爆发力，却没有持久性。雷军为小米研究的其中一条营销方式，就是靠制造话题来维持小米手机的关注度。创办小米手机的时候，雷军自身已有了巨大的影响力，无论是金山CEO，还是成功的风投人，他的网络影响力无人能及。所以，小米就要玩另一种营销，而雷军最喜欢的是话题营销。

譬如说，小米在微博上发起的第一个话题活动叫作“我是手机控”，让大家秀一下自己玩过的第一个手机。雷军则是借这个话题炫耀了自己的“藏品”，之后便激发起来了用户的怀旧心理和炫耀心理。出乎意料的是，从发起这个话题之后没有多久，就有100万用户先后参与了进来。这不仅让雷军省了很大一部分的广告费，还进一步扩大了小米的知名度。

爱玩的人是最擅长制造话题的，而雷军是一个爱玩的人，因而在制造话题方面总是表现得十分得心应手。雷军几乎每天都会更新自己的微博，有时两三条，有时七八条。但每次更新微博之后，都会给那些关注他的人留下一个可以讨论的话题。譬如说2013年12月他在微博上放了一张新产品的图片，还说：“今晚九点，一个小玩意！”这样一个消息又引发了一个“猜猜看”的话题。从图片来看，是尺寸和手掌大小类似，正面下方印有“MI”样的Logo，表面材质应该是铝制金属，还可能采用了阳极化工艺处理。有人猜测是移动电源，有人猜测是移动硬盘和充电宝，还有人猜是和小米路由器搭配使用的“米卫星”，这样一个特别小的“猜猜看”话题，又让粉丝们沸腾了。

雷军的话题制造主要是通过论坛、微博、微信再加上QQ空间进行的，这样一个非常接地气的组合，让“粉丝”们在每一次的话题讨论中都有极强的参与感，因而每一次的话题都会引起一次小高潮。小米科技创始人之一黎万强说，爱玩并不是不务正业，而是以一种极致精神的追求，把自己爱好的事情做到极致。雷军虽然爱玩，不过他的这种玩法确实收到了不一样的效果，微博上的话题不断，一次又一次地将讨论引向高潮，这种效果也正是小米手机最需要的。

但话题营销究竟是接地气还是高大上？这个问题曾困扰过雷军许久。在和几个创始人商议之后，雷军采纳了黎万强的建议。黎万强的建议是这样的：“互联网反对高大上，那么就只能用娱乐的方式来做营销了，娱乐有时候也能起到四两拨千斤的效果。小米的做事特点是没有明星和美女，只有产品，有用户和自己这群‘粉丝’。”所以，在之后的营销中，雷军每次制造的话题最终都会落在自己的产品上。

这其中，最经典的还是小米手机青春版上市之前，策划了“我的150克青春”的话题。在这个话题启动之前，人们已经开始对其进行了各种揣测，传说人的灵魂是21克，那为什么人的青春竟然成了150克呢？对于这一疑问，雷军并不急着向大家做解释。在这之后他又推出了一系列的青春插画，大致内容是大学时代的经典场景，海报中大多是一些象征青春的东西，譬如游戏机、照相机和体重计等。而活动的高潮则是，小米的七个联合创始人合拍的微视频，这七个老男人重新回到大学宿舍，模仿《那些年我们追过的女孩》，拍了一系列的海报和视频，话题感十足。并且，在这次的活动中还增加了有奖转发这一环节，仅3天的时间就送出了36台小米手机。至于“150克”的谜题，在小米青春版手机发布之时，答案才被揭晓，原来150克指的是青春版小米手机的重量。雷军说，从后期来看这次的营销方式十分成功，话题的趣味性再加上奖品的诱惑度，仅仅微博转发次数就达到了203万次，而“粉丝”也涨了41万人。

雷军始终坚持，小米要和用户交朋友。企业的重心不是产品，而是用户。而话题对用户来讲无疑是最好的参与方式，用户们可以通过话题更亲切地走近自己的产品，通过话题来传播自己的产品。小米的一切营销都是基于粉丝的营销，已经形成了比较完整的社会化营销体系。

雷军用小米的营销事例告诉大家，以往的营销方式，可以说是一种强制性的教育式营销，它属于一种单项通道。如今的时代已经变了，营销应该用一种更加娱乐的方式来讲述自己的产品，让用户真实地感受到自己产品的品质。对于企业来讲，这才是最好的营销方式。

扁平化管理，雷军的管理秘术

短短几年的时间，小米从最初的十几个人发展成为如今拥有数千名员工的大型公司。雷军是如何管理小米的？小米自上而下贯彻着怎样的管理法则？小米内部的组织架构又是怎样的？为什么员工上下班从不打卡，也不设KPI，却保证了小米的高速运转？

扁平化管理，是雷军的管理秘术。所谓的扁平化管理，其实是通过减少管理层次、压缩职能部门和机构、裁减人员，以此使得企业的决策层和操作层之间的中间管理层级尽可能地减少，以方便企业能够快速地将决策权延至企业生产和营销的最前线，从而为企业效率的提高，建立起比较有弹性的新型管理模式。

当所有的初建公司都选择了金字塔管理模式时，小米却抛弃了传统的管理方法。雷军对此解释说，要管理好公司，最有效的方法不是增加管理层次，而是增加管理幅度。当管理幅度增加时，金字塔就会被逐渐压缩成为扁平形状。这就是小米如今的“扁平化管理模式”。在雷军看来，设定管理方式是一种不信任的方式，扁平化管理是相信自己员工的表现。小米相信优秀的人本身就有强大的驱动力和自我管理的能力，每个员工都有想做最好东西的冲动，一个公司如果有这样的产品信仰的话，那么这个公司的管理就会变得简单很多。

“我常常跟员工讲，整个公司就是一个项目组，我就是项目组组长，里面有5-6个拿主意的人，1-2天对一次话，有想法就立刻拍板、立即执行。”中国很长时间是产品稀缺，粗放经营。做很多，却很累。一周工作7天，一天恨不得干12个小时，结果还是干不好，然后管理层就认为雇用的员工不够好，就得搞培训、搞运动、洗脑。但从来没有考虑把事情做少。互联网时代讲求单点切入，逐点放大。

另外一个原因是雷军不希望小米成为一家大公司，大公司有大公司病，诺基亚的倒掉就是最好的例子。随着产业链的成熟，大而全的垄断者将面临日益高昂成本的问题，最终技术优势被消解，败给了小而专注的野蛮人。

在组织架构上，小米摒弃了传统公司通过制度、流程来保持控制力的树状结构，小米的架构直面用户，这是一种以人为核心的扁平化管理模式。小米的组织层级最多也就三级。这三级基本上就是：七个核心创始人——部门领导——员工，并且这种团队不会太大，稍微大一点就会被拆成小团队。这样的层次划分其实从小米的办公布局也能看出来：一层产品、一层营销、一层硬件、一层电商，在每一楼层都有一个创始人坐镇。大家各自做各自的事情，彼此之间互不干涉。每个人都有自己负责管理的领域，这样也方便大家把自己的事情做好。

用雷军的话来讲，这样的扁平化管理是比较接地气的。在小米公司，除了七个创始人有职位，其他人都没有职位，他们都是工程师。他们晋升的唯一奖励就是涨薪资，而不是晋升头衔。这样员工在工作的时候，就可以少一些顾虑和杂念，尽情发挥个人的才华，一心一意地去工作。

这样的管理制度减少了层级之间互相汇报浪费的时间。小米现在2500多人，除每周一的1小时公司级例会之外很少开会，也没什么季度总结会、半年总结会。成立三年多，七个合伙人只开过三次集体大会。

2012年“815电商大战”，从策划、设计、开发、供应链仅用了不到24小时准备，上线后微博转发近10万次，销售近20万台。

扁平化管理的好处是大众皆知的，并非只有雷军一个人知道。但为什么这些公司知道扁平化管理的好处，却没有采用呢？原因就是扁平化的好处虽大，但是经常一放就乱，因此很多企业就选择了军队式的多层级管理。

考虑到以上原因，雷军在管理中采用了很多的其他措施，来维持扁平化的管理方式。比如雷军自己就身体力行，将自己定位为小米的首席产品经理，每周定期和MIUI、米聊、硬件和营销部门的基层同事坐下来，举行产品层面的讨论会。

雷军说，维持扁平化的第一个源头就是小米的八个合伙人。小米以前有七个合伙人，雷军是董事长兼CEO，林斌是总裁，黎万强负责小米的营销，周光平负责小米的硬件，刘德负责小米手机的工业设计和供应链，洪锋负责MIUI，黄江吉负责米聊，之后又增加了第八个合伙人，这就是负责小米盒子和多看的王川。这几个合伙人除了理念上一致之外，他们大多都管理过超过几百人的团队。这些经验丰富的合伙人在雷军看来，能够保证一竿子插到底的执行力，这也是维持扁平化管理的必备条件。

另外一个维持扁平化管理的源头就是透明的利益分享机制。扁平化的管理，最终还是需要回归到对员工的利益分配上。小米公司有一个理念，就是要和员工一起分享利益，尽可能多的分享利益。小米公司刚成立的时候，就推行了全员持股、全员投资的计划。小米最初的56个员工，自掏腰包总共投资了1100万美元——均摊下来每人投资约20万美元。在小米公司内部还有个“卖嫁妆”的段子，据说当时作为小米公司创始的14人之一的唯一女员工小管，承担了小米公司创业初期从人力资源到行政，从后勤到前台的全部工作。为了投资小米，她甚至卖掉了自己的嫁妆。因为小米的生死和员工的身家紧紧捆绑在一起，试问，谁又会不把自己的身家当一回事呢？有了这一保障，员工们自然是发自内心的为小米保驾护航。

小米所倡导的扁平化管理，体现在公司层面上就是无权威管理，而无权威管理的前提是员工个体拥有很高的自发驱动性，而自发驱动性主要来自参与感、成就感和满足感。员工们的这三种心理满足了，那么在接下来的管理中自然会达到迅速而高效的结果。

第十四章

颠覆创新，雷军给小米注入灵魂

从小米到红米，“雷布斯”不是白叫的

小米公司，从一开始进入媒体视野，就被当作了全行业的焦点。2013年7月，小米公司又推出了定价799元的红米手机，性价比秒杀市面上的主流Android手机，在1分30秒的瞬间就抢完了10万台。799元的价格像一把刀一样插在中国智能机行业的心坎儿上，充分印证了雷军说的“做产品一定要做到极致”。

这款定价为799元的红米手机一发布，虽然圈内人都说这是对国内的Android手机市场重新洗牌，但这样的价格定位让外界觉得雷军有些言行不一致，因为他曾向公众表达过不会做中低端配置机。而799的价格在大多数人的认知中，就是低端机，手机配置就更不用说了。

雷军说，他之所以研发红米就是要改变普通老百姓对千元机，也就是低端机的看法。红米的功耗没有问题，所有的配置已超出了价格预期，它针对的主要就是普通用户，强调的则是超体验，够用、适用、能用，这样的产品才是普通大众最需要的。

事实证明，雷军的这一步棋又走对了。作为和小米手机差异化定位的红米手机，做得很成功，就销量来讲最高的时候竟然达到了一个多月

卖出300多万台，这样的成绩足以让很多人惊叹。雷军说，从红米的诞生到创造辉煌的过程中，他做了五个艰难的决定。这五个决定之所以艰难，是因为这些决定都直接触及小米的方向与核心，如品牌、利润、合作等，而且，每次都要有巨大的舍弃。

2012年4月，雷军曾公开宣称不会做中低端配置的手机。小米手机定价2000元左右，定位“为发烧而生”。然而就在3个月之后，红米手机开始立项，不是中端，不再发烧。

雷军要的是用户规模和用户价值，只做中端产品是不够的。向上要面对苹果与三星的垄断，难度太大，也许会有高利润，但是绝对出不了大规模，相比较而言，向下或许是一个很好的选择。

那么向下又该怎么发展呢？雷军在权衡之后，总结出了几条结论。第一，市场上的三家运营商，目前正在疯狂地争夺3G用户，2012年中国移动逆势而上，这成为雷军锁定争取的一个目标。第二，以联发科为代表的芯片企业，将手机零配件的价格大大降低，从而推动了千元智能手机时代的到来，使得小米在千元机方面大有可为。有了这样的分析，雷军坚定了做红米的决心。

雷军说，这个决定看似容易，实际不易。从品牌上看，小米品牌与红米品牌，要么会彼此加强，要么会使品牌失焦，很可能规模未求成，反倒伤了根本。从产品定位上，从发烧友到大众，很容易让现有的小米用户失去身份认同感。从市场竞争看，这是一片红海，参与者都以求规模为主，价格战在所难免，有可能沦为一场赚吆喝的尝试。

但是雷军还是选择做了。而且，在2012年6月第三轮融资2.16亿美元，坚定了他扩充产品线的决心。

事情并非想象中那么顺利。新手机发布之前，都要做预热宣传，也就是各大科技、数码网站中出现的所谓的谍照、曝光等。红米也是如此。在预热宣传中，一直有两个版本H1和H2，根据配置不同，定价分别为799元和999元。前者准备做移动定制版，合约销售，后者走公开版路线，网上销售。并且，两款都通过了工信部的入网测试。但H1在中国移动定制入库测试中，出现了问题。几轮测试下来，仍然没有通过。雷军选择不放过质量问题，让H1流产。他说，不管外面的人怎么骂，只要不是产品的品质问题，小米都能忍受。确实，雷军在说这句话的时候是十分有底气的，因为他确实做到了这一点。比如H1的流产，带来了巨额的成本损失，小米已下了40万台的订单，BOM成本两千多万元，还有上千万元的研发费用均付诸流水。此外，产品策略也需要调整，两款手机共同做大销量的策略，落在了一款手机上。

雷军做的第三个决定就是对红米的定价超越了价格战，这样一来，对手就无法还击了。红米的定价原来是999元，在发布的时候却变成了799元，这当中究竟发生了什么事情？据说，小米当时确实是与中国移动谈好了是999元，中国移动也开始了宣传方面的工作部署。发布会前一周，小米的销售方案被曝光了，据说这让雷军很恼火。百般权衡之下，雷军最终决定，顺势下降为799元，这样就与之前流产的H1同价了。

对于雷军来讲，799元这样的价格是一场豪赌。要知道，小米手机的硬件还是比较值钱的。雷军曾经说过，小米手机销售30万台是盈亏平衡点，之后才有10%以上的利润。而如今的红米，不含需要分摊的研发费等，仅BOM、税费和运营费就差不多820多元，定价在999元是比较合理的一个价格，因为这时候竞争对手短期内不会跟进，有较好的盈利预期。但如果定价799元的话，赚钱就只能通过销量和时间了。雷军说，他的豪赌是相信用户的眼睛，相信用户能够识别高性价比的手机。

雷军做的第四个决定就是，同意中国移动做红米手机的非合约版，向运营商示好。雷军说，红米与中国移动合作主要是为了走合约机方式。一方面借助中国移动覆盖各级城市的线下营业厅，让红米手机快速地到达三四线城市，找到最大的消费市场。另外一方面，希望借助中国移动的补贴，进一步让利消费者，快速地形成销售规模。

但雷军失算了。红米手机的高性价比，以及在线上的宣传和销售，瞬间秒杀等情况，大大提高了红米手机的品牌价值。小米确实在眼睁睁地看着中国移动拿走红米的利润。对于线下销售，自然还有很大的利润空间，而雷军之所以借此机会向中国移动示好，最主要的还是希望在移动通信上快速做出规模，毕竟移动的用户还是比较多的。

雷军做的最后一个决定就是在用户心中定位。与华为死磕，终究是打上了价格战，更确切地说，是用户心中定位的保卫战。在2013年11月，红米终于快达到销售量300多万台，就要盈利了。没想到这个时候华为推出了荣耀3C，各方面配置与红米相近，并且略高一点，价格却是798元。低于红米1元，挑衅大于挑战。降价还是不降价？从华为荣耀3C推出之后，这又成了一个问题。2014年1月，红米移动版终于降价到了699元，再测算一下，盈利点将在400万-500万台。选择了一场死磕，宁可不赚钱，也要保持在用户心中性价比最高的定位。

红米成功了，2014年销量近千万台，在传统手机厂商中，单款这么高的销量很少见。总体来看，红米硬件本身的利润率在3%上下。当然，其成功之处还包含用户规模的扩大及硬件以外的收入。在这款手机上，更能体现雷军不靠硬件赚钱，靠配件、软件及服务赚钱的思路。

红米的成功不是一个战略、一个思维、一个模式那么简单，领导者的视野、意志与决策力尤为重要。从小米手机的发行再到红米手机的脱销，从小米的成功再到红米的一机难求，雷军可以说是为小米公司注入了新的灵魂。一个好的领导者，能带领一个企业走向辉煌。

互联网卖手机，前者比后者更重要

雷军刚创办小米科技的时候，业内对小米模式质疑不断，互联网业内对雷军纷纷不看好。当雷军提出“铁人三项（软件+硬件+互联网）”时，行业内质疑的声音居多。两年后，即2012年，雷军首提互联网思维，也是质疑批评与疯狂追捧并行。后来，它们都成了这个时代的流行语，小米成了行业的风向标。

雷军一次次用数据刷新着人们对小米科技的认识。2013年，小米手机全年销售1870万台，同比增长160%，含税销售额316亿元，增长150%；12月当月销售手机322.5万台，含税销售额53亿元。2014年，小米公司销售手机6112万台，较2013年的1870万台增长227%；含税销售额743亿元，较2013年的316亿元增长135%。

看到这一系列骄人的数据，很多人会说雷军卖手机卖得真成功，雷军却并不这么觉得。他说，在小米的营销中，他不过是用互联网模式改造了手机行业，而小米的快速增长主要还是受益于互联网。

提起小米，必然要对比一下苹果。同为优秀的智能手机品牌，外界也将小米与苹果进行了对比。对此，雷军非常肯定地说，小米不想模仿苹果，只走自己看准的互联网之路，因而才能在中国市场上占有一席之地。

面对手机行业，雷军非常理智。他说，这个行业有太多的先烈，尸横遍野。但这些先烈全是撑死的，没有一个是饿死的。因为很多企业一上来就砸进去一两千万台，而元器件的价格波动是非常大的，结果往往是刚有点利润，就全赔在库存里了。卖手机不能冒进，不能一下子撑死。这就好像卖海鲜、卖蔬菜，一定要保持良好的节奏，产品不能囤在库里。同时，还要把资金最大效率的利用起来。做手机是个系统工程，必须要慎之又慎。

雷军在2011年参加Tech Crunch Disrupt大会时表示，小米是完全通过互联网模式销售手机的。互联网是一种观念，如何思考问题，如何做事情，都要实现彻底的互联网化。雷军用互联网的方式做手机、卖手机、推广产品，也用互联网的方式做售后服务，可以说将每一个环节都互联网化了。小米和其他互联网方式的企业是不同的，比如电商是一定要烧钱的，但小米是不烧钱的典范，雷军采用全互联网的社交化媒体口碑营销，是对现代商业的巨大颠覆。再比如服务，小米尽量多地在互联网上进行服务。雷军和高管团队天天泡在论坛里，亲自解答问题。另外，在产品的规划上则是适应互联网的需要，不做过于长久的产品规划，只做3个月，这样来看的话，公司的反应快，而且还很容易调整。

雷军还说，互联网催生了一种把用户的使用价格趋近于零的模式。当小米做了一款深受喜爱而且还是免费的产品，自然能得到用户的支持，从而获得利润。

但是一开始，大家都对这种互联网的销售模式有些质疑，包括小米科技的初创人员。因为此前并没有成功的互联网手机销售，连谷歌都在这上面失败了。但当小米手机的捷报越来越多，销售额和利润年年攀升时，那些质疑也变得越来越少。

雷军曾经对小米的成功做过总结，得出六个要素。他说这六点是互联网手机的核心打法。一是要了解电子商务的威力；二是要了解社交媒体的威力；三是要把手机当成电脑来经营；四是要发动群众运动来做手机；五要懂“粉丝”经济；六则是在中国的硅谷打造一个创业故事。这是他曾经总结的六点，但是在之后的访谈过程中，雷军却这样说：“其实，这几点不过是表象，说得直白一点，小米主要是通过互联网的模式销售出一种参与感。”其实这就是互联网时代的新型传播方式，做出好产品，鼓动粉丝参与，拥有好口碑。

在金山的时候，雷军的口头禅是“一路上有你，苦一点也愿意”。创立了小米之后，雷军的口头禅则是“顺势而为”。经历过互联网大起大落的雷军，非常明白“风口”的观点，他赶上智能手机的大势，微博腾起的大势，百万级用户参与的“粉丝”经济大势，然后将这些大势聚集于一点，为小米发力。

雷军被称为是中国最懂互联网的人之一，而他所投资的企业也多数比较成功。从投资金山软件到投资卓越，再到创立小米，从中国第一代程序员再到互联网的创业者，雷军对互联网的理解远比其他人深刻。正是因为这种深刻，他选用互联网方式销售小米手机，最终获得成功。

雷军原来做软件，创办金山的时候，还是很自豪的，但当互联网大潮来袭的时候，他们一夜之间变成了落伍者，被时代抛弃了。因为当时互联网变成最热的了，而雷军对互联网所知甚少。真正的互联网热在中国掀起的时候，是雷军他们被“革命”掉的时候，也就是在1999年左右。互联网最先“吃”掉的是跟他关系最为亲近的软件行业，在被“革命”之后，雷军就在想，互联网究竟是什么？后来他一步一步理解，一点一点思索，才明白，互联网是一种全新的方法论，是一种全新的生活方式。再后来，雷军就想，倘若用互联网的整套东西来做一个产品的话，是不是也会产生核爆炸？而这样的想法，在做小米之前已经是成熟的了，因此，在做小米的时候，他才非常果断地采用了这种方法。

小米手机的胜利其实就象征着互联网手机这一新品类的胜利，虽然很多人都在追随着互联网手机，但他们真的理解互联网手机的含义吗？对此，雷军也做了一些解释，他总结了自己30年的PC经验，发现PC最后胜出的招数只有两个，分别是高性能和高性价比。所以，这个时候他的思路就开始慢慢清晰了起来，把未来的智能手机当电脑来做，把它的硬件和软件分离，这才是互联网手机。另外一点，就是在销售上采用了电子商务直销的方式，这样做其实就去掉了渠道成本和销售成本。

雷军并不忧虑小米的利润，在他看来，手机不赚钱不可怕，只要手机有口碑就行，这也是互联网的赚钱模式。小米三五年内都不太会考虑赢利的问题，他们专注于每个月做什么，每个季度做什么。只要有了足够大的用户规模，赢利是自然的事情。先做好产品，把赚钱的事往后放，优质的互联网公司都是这么干的。

山寨价格、尖端配置，雷军用性价比做招牌

小米声势浩大地发布了红米手机，799元的超低价不仅震撼了每一位普通用户，也给智能手机行业及相关从业者带来了巨大的冲击波，谁都无法忽视它的存在。

在此之前，小米一直坚持做发烧手机模式，雷军自己也说过“将专注在高性能高性价比的发烧级手机……不考虑中低端的配置”，然而后面799元的低端红米手机却又闪亮登场。直到此时，人们才明白，红米的发布，是雷军用小米惯常的手法，再来一次营销。

红米发布后，外界认为雷军血洗了山寨机市场，让山寨无路可走。由于中国的人口特点，低端山寨手机市场远比高端智能机庞大。这一类的手机价格极端便宜，功能略有逊色，然而却能使用，按照799元的价位，完全可以购买一款比较不错的山寨机。

在某些意义上来讲，红米手机的发布就好像是对山寨手机市场进行了一番血洗。

为什么会这样讲?

因为红米手机比山寨机更正统，配置更高，其超高的性价比将山寨机远远地抛到后面。799元只是一款山寨机的价格，红米手机配置却远远高于山寨机。用雷军的话来说，红米的配置远非大众所认为的低端机，它的屏幕是由苹果供应商友达提供的，4.7英寸HD屏幕、130万前摄像头+800万后摄像头、2000毫安电池、1GB内存、4GB存储、MT6589T处理器，远远要比同价格的山寨机配置高很多。相比于低端机的说法，雷军更愿意说红米手机是针对普通大众而发行的一款手机。

雷军曾经在央视发言，小米会坚持把性价比做到极致。基于这个策略，799元的红米手机的出现，是一种市场选择，也是小米科技多机

型出击的策略转型。小米科技成立之初，坚持发烧机模式，走高性价比路线，所以才有第一代的小米1出现，震撼了市场与消费者。但继续向上，有苹果手机这样的龙头老大盘踞在高端机市场之上，所以雷军想要继续延续高性价比的路线，就必须把市场转向千元机以下，这样才能不给自己的竞争对手留后路，也不给自己留后路。在雷军看来，不管什么时候把小米品牌做好才是最为关键的。

有人说，雷军的红米是靠低价跑赢市场的。小米不是在做手机，而是在抢用户抢入口。果真如此吗？雷军一手开创了互联网手机模式，以10多亿刚需消费者且天生具有平台性质的手机作为切入点，手机是否盈利已不重要。

相比较2000元左右的小米手机价格，红米确实在一开始的时候拉出了千元的价格空间，但从红米产品的配置和互联网手机的属性来看，799元的红米价格是情理之中的定价，而非所谓的价格战。恰如雷军所言，1000元以下毕竟是数量最大的用户市场。

红米和小米，两者互补，将雷军的经营理念表现得淋漓尽致。红米的千元价格和小米的发烧配置，无意间成就了小米品牌的完美打造，也代表了雷军的战略转型需要。

譬如说，雷军研发小米的时候，要求的就是高性价比，“专注、极致、口碑、快”，互联网思维方法论，抛弃广告和传统渠道，只在互联网渠道上卖产品，连小米公司的内部员工都曾经开玩笑说，选择供应商的时候，只选择贵的，而不是选择对的。事实上，小米制作的过程中所选择的都是最好的硬件设备。小米推出红米的时候，其硬件配置至少落后主流手机一个代次，甚至还落后于两年前发布的小米1。但红米走的就是“在手机上实现极致的移动互联体验”，够用、能用，做最具性价比的千元以内四核手机。

智能手机早已不是CPU的时代，均衡的水桶型产品方能带来好的体验。事实上，在一部高端智能手机的成本结构中，CPU所占的成本不足20%，屏幕、内存、摄像头、电池等成为决定产品体验的核心。雷军用MTK6589给799元的红米提高配置，但也有可能进一步加深MTK低端的烙印，粉碎了其数年苦心经营的高端化之梦。

2014年，雷军在小米手机的年度发布会上说了这样一句话："做了三年手机，继续谈配置、跑分、性价比，'米粉'是不会答应的。"对于已经发布三年、更替四代的小米手机而言，雷军知道仅仅讲硬件已经缺乏爆点。于是，硬件工艺及其供应链，软件平台及其生态圈成为新的故事线。

因此，新发布的小米4主打"钢板"概念，工艺成为看点。309克钢板，40个工艺，192道工序，经过32小时加工成为19克的边框。机身宽67.5毫米，边框为2014年市售最窄。与此同时，小米手机4配备5英寸夏普/JDI OGS的1080P全贴合屏幕，以及后置1300万与前置800万F1.8大光圈/80度超广角索尼相机，3080mA锂离子聚合物电池，这些配置堪称"高性能+高性价比"的代表。

工艺背后，是雷军称之为"真金白银"关系的供应链伙伴。据称，为了小米4，富士康投入了12亿元的新增设备，赫比投入了7亿元的新增设备，共计19亿元来支持其生产工艺。2014年上半年，小米分发给开发者的收益为1.74亿元。雷军用了两年时间把小米的互联网生态孵化成型。小米公司的服务体系也将配套升级，会继续在硬件、软件及服务体系上，继续坚持它的发展方向，打造出属于小米的生态链条。

雷军：小米学的是同仁堂、海底捞

小米横空出世，且获得巨大成功，不可避免的，雷军被拿来和乔布斯比较。但雷军很无奈，他说，把他类比乔布斯，是对他的恭维。想让小米比苹果好，那么小米的市值必定超过苹果，比如苹果6000亿美元的市值，小米就应该要值8000亿美元，小米做不到，所以小米肯定不如苹果，就不要比了。

但后来雷军仔细想了想，小米的发展确实模仿了一些企业。雷军曾在联想内部做过一次演讲，说做小米的时候，他真正学习的是同仁堂和海底捞。柳传志曾经向雷军推荐过一本书，叫作《基业长青》，内容是如何创办百年企业的。雷军说，他在读这本书的时候，心里就在想，在中国，谁做到了真正的百年呢？在这个问题之后，紧接着，他的脑海中就出现了“同仁堂”三个大字。

同仁堂有一句重要的司训：“品味虽贵必不敢减物力，炮制虽繁必不敢省人工”，意即做产品，材料即便贵也要用最好的，过程虽繁琐也不能偷懒。

换句话说，要真材实料。口号喊得虽然轻松，真正实施起来却不是那么容易。所以同仁堂的老祖宗又讲了第二句话：“修合无人见，存心有天知。”你做的一切，只有你自己的良心和老天知道。

这句话让雷军深受震动。他想，改革开放30多年来，为什么中国在全球的印象里，就是生产劣质产品的地方？这是因为我们喜欢走捷径，喜欢偷工减料，不尊重产品，不尊重市场。所以，做产品要像同仁堂一样，货真价实，有信仰。如果想基业长青，就要做到两条：第一真材实料，第二对得起良心。

在思考了这些问题之后，雷军在做小米的时候就有了一条明确的路：小米的产品材料，要全部用全球最好的。对于刚刚成立的一个从零创办的公司而言，要做到这一点，是非常不容易的。但雷军没有任何犹豫，就决定这样做，小米手机的处理器用的是高通，屏幕用的是夏普，最后组装则用的是富士康。可以说，小米在生产这一环节确实像同仁堂一样做到了真材实料。

因为所有的硬件用的都是最好的，所以成本也比预想时增加了很多。小米手机第一款做出来的时候，成本高达2000元，当时的国产手机成本是五六百元，成本2000多元的手机又该怎么卖呢？一时间，雷军对自己都没了信心。因为按照最初的设想，小米手机定价是1499元，等于一部手机要赔500元，那肯定是不行的。于是在产品发布前，雷军与合伙人商量，决定定价为1999元。雷军相信，好东西就值1999元。一周后小米获得了成功。

雷军后来总结说，中国人最需要的首先是好东西，而不仅仅是便宜的东西。如今的中国已经是产品过剩的时代，倘若在做产品的时候不认真去做的话，那就只能算是忽悠大众了。

小米学习的第二个对象就是海底捞。雷军说，七八年前，他曾在机场的书店里买过一本书，叫作《海底捞你学不会》。看完这本书后，他发现了海底捞的秘诀：口碑。

很多人一看到口碑，就想到了口碑营销。一想到营销，就觉得路子走死了。雷军说，不是的。

他说在看完这本书没多久，他就去了一趟海底捞。跟其他火锅店一样，海底捞的环境很嘈杂。但让他惊讶的是，海底捞的服务员有着发自内心的笑容。其他的服务型行业，比如民航业，空姐们虽然比海底捞的服务员更漂亮，制服也更好，但是，她们常常是一种皮笑肉不笑的状态。相比之下，海底捞服务员的笑容真的能够打动人。

雷军就问海底捞的服务员："你当个服务员有啥好笑的呢？"那个服务员跟雷军说："我40多岁的下岗女工，一直找不到工作，结果海底捞录用了我，七八年前就给我每月4000元的工资，我睡觉做梦都会笑醒。"

不过最打动他的还是网上的几个段子。有个客人在海底捞吃完饭后，想将餐后没吃完的西瓜打包带走，海底捞说："不行。"可是他结完账时，服务员拎了一个没有切开的西瓜对他说："您想打包，我们准备了一个完整的西瓜给您带走，切开的西瓜带回去不卫生。"看到这里的时候，雷军才明白，为什么海底捞的口碑会这么好了。

雷军对此很受感动，回去之后就给小米的客服工资涨到比同行平均工资高30%，4000块钱起，不惜代价，最高能到一万二。他的逻辑是，只有公司对员工好，员工才会对客户好。

海底捞的口碑就是超预期，就是好产品、好服务。好口碑就是一切，所以小米公司成立初期，雷军没有成立市场部，也没有做公关。只是不停地革新产品，升级产品，因为他相信，比广告更有效果的是口碑。

雷军认为营销就是最好的产品，营销就是最好的服务，好东西大家会心甘情愿地帮你推广。

比如说雷军看到一个用户在微博里投诉“电池用了两个星期以后充不进去电”，正当他打算回复时，却发现已经有同事回答了他的问题。第二天发现这个用户贴了一条微博，说他“已经收到小米员工免费寄的一个新电池”。大量制造的工业品不可能不出一点差错，但用户投诉时，一般人只会建议返修，小米的员工却给他寄了一个新的电池，最后那个用户挺感激的。又比如双十一，凌晨一点多钟下的单，第二天早晨六点就送到了。用户说小米的物流丧心病狂，刚买完几个小时以后，货就已经送到了，这个就是一个能够打动用户的小细节。

所以雷军说，口碑的核心是超预期，当你去经营口碑时，口碑就一定会有提高。雷军在中国IT领袖峰会上讲过这样的话：“口碑是什么？很多人觉得好产品有口碑，也有人觉得便宜产品有口碑，我想跟大家说不是这样的，这个世界好产品很多，便宜产品很多，又好又便宜的产品也很多，口碑的传播是超预期的。”

第十五章

未来，雷军还会创造哪些奇迹

从手机到盒子：好大一盘棋

雷军在2014年的一次讲话中曾提到，小米将在未来5年的时间内投资100家公司来复制小米模式。这令互联网市场中的其他对手惊讶不已，雷军要做什么？作为以生产手机而发展壮大的小米，现在难道要涉足其他领域吗？小米作为手机公司的形象已经广为人知，现在它还要做电视、空调、洗衣机吗？难道雷军要重新回归风险投资领域吗？

面对着外界的疑问，雷军并没有一一给予回答，因为在一两年后所有人都将知道雷军这样做的原因，有人说这叫“跨界”，也有人主张这是在“构建完整的产业生态圈”。雷军先人一步地开始了自己的颠覆之旅，这一次他打算下一盘大棋，而这盘棋早在2012年便已经开始了。

2012年11月13日，雷军在接受采访时表示，小米已经全资收购了多看科技公司。多看科技公司之前主要负责“小米盒子”产品的研究开发任务，并且在11月14日，小米将推出“小米手机最发烧的配件”——小米盒子。

小米盒子是一款高清互联网电视盒子，通过小米盒子，用户可以在电视上免费观看到电视剧和电影节目，同时还可以将小米手机、

iPhone和电脑内的照片和视频投射到电视上。在小米盒子之中拥有许多游戏和应用，随着每周的不断更新，这些游戏盒应用还会不断增加。

在设计小米盒子时，雷军专门强调了小米盒子的外观设计，一定要简洁精巧，因为需要摆放在用户家中，所以在外观装饰上一定要像一个艺术品一样。而在使用上，小米盒子简化了安装的流程，只要简单地将线路连接在一起就可以正常使用，同时用户还可以通过遥控器和小米手机自由操控盒子。作为雷军的第一步棋，小米盒子的出现让人眼前一亮，自此雷军便开始了自己的小米生态圈的战略布局。雷军想要做的就是将软件和硬件相结合，同时通过投资来不断扩大小米的产业格局。收购多看科技完成了小米盒子的研发，很快雷军就开始了另一项也是更为重要的产品“小米电视”的研发。

小米电视于2013年9月5日发布，小米将第一代小米电视定义为“年轻人的第一台电视”。其主要是针对“米粉”这一群体所进行的品牌营销，这些人虽然年龄层次不同，但对于小米的品牌具有极高的忠诚度，所以小米推出的第一款智能电视产品将受众目标定位在了“米粉”这一群体。小米希望通过这种出色的“粉丝”文化来激发受众的购买热情，从而逐步颠覆传统的电视行业体系。

小米电视和小米盒子构成了一个完整的电视系统，用户可以通过简单的11键遥控器操作电视，而在选用高清电视机顶盒的同时依然可以通过小米的遥控器来完成对电视的操控。小米电视的影视资源也会不断进行更新，从而保障用户能够看到最新的视频资源。

在雷军的小米生态布局中，小米手机、小米盒子、小米电视，以及后面出现的智能手环、空气净化器等都是一些智能硬件设备。雷军通过投资不同的企业，来完成这些硬件设备的研发，这不仅能够保证这些设备的研发质量，还能够让小米拥有更多的时间和精力进行软件方面的研究。

雷军所看重的软件资源则是小米科技旗下的MIUI操作系统，这是从中国人的使用习惯角度设计的一款基于Android所开发的操作系统。通过Android智能手机为用户提供服务。MIUI是小米最为重要的核心技术，到了2016年小米已经推出了MIUI8手机操作系统，不仅在色彩、交互和字体方面进行了改进，还加入了应用分身和扫一扫做题的功能。

MIUI可以说是小米智能硬件设备的大脑，在小米公司之中具有举足轻重的地位，同时也是小米与其他手机品牌相比最核心竞争力。自MIUI发布以来，已经拥有了1.5亿激活用户，遍布156个国家和地区。在小米生态体系之中，MIUI所起到的作用更多的是为小米的智能硬件提供一个相互连接的桥梁，从而将小米手机、小米电视、小米盒子和小米智能手环等智能硬件串联起来，构成一个完整的智能生态体系。同时，这也是小米在人工智能时代下对于智能家居领域的重要尝试。

小米的生态圈也被称为智能家居生态圈，这主要是小米在硬件层面所打造的一个生态体系。在这一生态体系之中，小米手机、小米电视、小米路由器扮演着重要的角色，小米将小米手机作为智能生态体系的终端，而小米电视和小米路由器则代表着智能家居领域，这三个产品共同支撑着小米整个生态体系之中其他智能硬件的正常运转。

小米的智能家居生态圈又可以划分为两个主要板块，一个是以小米手机为核心的移动硬件生态圈，另一个则是以小米路由器为核心的智慧家庭生态圈。在移动硬件生态圈中，小米手机作为网络中心和数据中心控制着整个移动硬件生态体系。但小米手机的这种角色定位并不是永远不变的，随着技术的发展，将会出现能够替代小米手机的智能移动硬件，虽然这一生态体系的核心会发生变化，但整个生态体系并不会受到影响。

在智慧家庭生态圈之中，小米路由器通过无线网络将其他智能硬件连接起来，从而形成了一个以自己为中心的局域网络，这样用户就可以通过操作小米路由器来达到控制所有智能电器的目的。同时小米路由器还可以作为一个存储数据的中心，可以存储由其他智能家电传来的数据，同时还可以存储大量的视频、图片和音乐。而用户也可以通过在手机之中的APP完成对于路由器的远程控制，达到上传和下载文件的目的。

对于雷军所说的投资100家公司的言论，小米在近几年间已经完成了一半，而小米智能生态体系的架构也显得比较明晰。雷军下一步要做的除了继续加大投资，完善小米的智能生态体系外，更多的是要在产品质量和销售上面下一番功夫。毕竟产品质量过关是对所有产品的最基本的要求，而如果小米的智能硬件设备因为质量问题无法销售出去，那么构建这一完善的智能生态体系也就无从谈起。只有让用户接受这些设备，智能生态布局的战略才能继续开展下去。

开发“米粉”，下一个惊喜是什么

“粉丝”经济的出现在互联网时代显得格外令人关注，在得用户就能得天下的互联网市场之中，每一个企业都希望自己的产品可以受到用户的喜爱。获得更多的用户成为企业追求经济利益的最直接表现。但在中国的互联网市场之中，有一个企业却显得有些特别，他们并不会过分地去追求用户的数量，反倒是十分在意用户的质量，也正因如此，他们将用户和“粉丝”做了严格的区分，他们追求的是“粉丝”，并不只是用户。

人们都知道乔布斯有着许许多多的追随者，那些追随者除了仰慕于乔布斯的个人魅力外，更多的是出于对苹果产品的喜爱。有别于一般的购买苹果手机的用户，这些追随者对于苹果手机有着狂热的喜爱，所以他们又被称为“果粉”。“果粉”遍布世界的各个角落，他们成了苹果畅销全球的重要助力。

而在中国的互联网市场中也形成了一种特别的群体，他们对于小米的产品有着近乎完美的执着，每一次小米的新产品推出他们都是第一批的使用者，对于产品的优点和缺陷往往有着自己独到的见解。这些人被称为“米粉”，而小米的创始人雷军则说：“小米的哲学就是‘米粉’的哲学”。

在雷军看来，相对于普通用户，“粉丝”对于企业产品产生的影响更为巨大，同时也更加具有黏性。但将普通用户转化为“粉丝”却并不是容易的事，从小米的发展中可以看出，雷军不但做到了，而且还在不断壮大着小米的“粉丝”队伍。

在对外宣传上，雷军并不是直接面对广大用户大面积地推广宣传，而是直面“米粉”，他总是在第一时间将小米的新产品介绍给“粉丝”，通过“粉丝”的反馈来不断地修正新产品中出现的问题。正是通过这种不断交互的方式，小米和“米粉”之间建立起了牢固的情谊。

4月6日是小米诞生的日子，自2012年开始，这一天成为所有“米粉”的节日。2012年的4月6日，小米举办了第一届“米粉节”。米粉节是小米专门为了回馈“米粉”所举办的节日。在每一年的节日中小米都会为“米粉”带来许多意想不到的惊喜，除了空前的优惠福利外，“米粉”还将最先与小米的新产品见面。

在2012年的第一届米粉节上，雷军公布了几项特大回馈活动，包括10万台手机公开售卖，所有小米配件全场六折，以及推出优惠合约机。在空前的优惠面前，“米粉”们也表现出了高涨的热情，他们仅用了6分钟就将10万台手机抢购一空，从这一疯狂的纪录中可以看出“米粉”对于小米手机的喜爱之情。这种热情让雷军更加坚定了开发“米粉”的决心，乘着第一届米粉节成功之势，雷军在后续的米粉节时进一步加大了回馈的力度。

在2013年的第二届米粉节上，雷军首先推出了四款小米的最新产品，同时曝光了小米盒子的核心细节。不仅如此，雷军还先行放出了

20万台小米2S供“米粉”购买，结果也正如雷军所料，首发的20万台小米2S很快便被抢购一空，随后出售的小米2A也取得了不错的销售效果。除了这些优惠举措之外，雷军在这届米粉节上还打起了感情牌，他在效仿网友吐槽小米手机的同时，斥资百万专门为“米粉”们拍摄了一部微电影，这让本就对小米充满感情的“米粉”们感动不已，可以说雷军通过这一系列手段加深了小米和“米粉”之间的情感联系，为小米的市场拓展打下了坚实的基础。

在2014年的第三届米粉节上，小米并没有组织线下的“米粉”活动，但这一“失策”的举措反而成就了小米的线上销售活动。小米官方公布的数据是：在2014年米粉节中，12小时内共销售130万台小米和红米手机，其中在港台地区及新加坡就售出10万台，销售总额为15亿元。小米配件的销售也呈现出一派火热的景象，74万个移动电源，17万只米兔，52万副活塞耳机，33万个后盖，销售一空。共计有1500万人参与了抢购。

而在2015年的米粉节中，这种火爆的抢购势头依然没有减弱。12小时内，共有1460万人参与了抢购，总销售额达到20.8亿元，手机销量为212万台，订单总数为305万单。其中售出智能硬件77万台，配件销售额达到了1.9亿元。米粉节已经成为一场小米的销售盛会，也成为“米粉”们的狂欢盛宴。

2017年米粉节的推广口号是“不只是5折”，小米准备了线上线下两种活动形式，预计推出10多款新产品，同时还准备了一系列智能科技套餐。对于“米粉”而言，米粉节已经成为他们生活中不可或缺的一部分，有些人将这称之为信仰的力量，他们则说自己是“因为热爱，所以崇拜”。

“小米为发烧而生。”雷军将小米手机的目标消费群体定位在了喜欢研究手机的人群，这群人对于他而言并不陌生，因为他自己也是一个喜欢研究手机的“发烧友”。在雷军看来，小米的“米粉”是一群懂技术、爱折腾、好研究的手机控，所以在手机的研发和销售时就一定要考虑这些人的感受和想法。他们懂性能，所以高价低配的手机在他们眼中没有任何价值，而高价高配则被他们认为是理所应当，所以只有在这一点上“征服”他们，才能够真正地吸引到他们的注意力。小米手机的“高配低价”模式不仅受到了普通用户的欢迎，更让这些手机发烧友们充满了兴趣，他们想要进一步了解小米手机之中的秘密。

雷军不仅要通过质量和价格俘获这些手机发烧友的心，它还希望将这些人的思想和智慧融入小米手机之中，MIUI论坛便是在这种思想的指导下诞生的。该论坛不仅有着50多万的小米发烧友，同时雷军还要求小米的工程师要长期泡在论坛与“米粉”沟通交流，就连他本人也经常在论坛中回答网友的问题，这让“米粉”多了一个了解小米的窗口，同时也为“米粉”提供了一个互相交流思想的平台。

一路走来，雷军知道小米的成功是无数“米粉”不懈支持的结果，没有了“米粉”的支持，小米根本无法从强手如云的手机市场中脱颖而出。而对于小米来说，想要拥有更加广阔的未来，就更不能离开“米粉”的支持。所以雷军希望通过米粉节的活动能够为更多的“米粉”带去实惠，小米也将在每年的米粉节中为“米粉”们带去惊喜。

竞争与发展，小米的对手在哪里

在市场之中，同行业之间往往存在着竞争的关系。正当的竞争将会推动市场的发展，不正当的竞争则会阻碍市场的发展。竞争是一个企业在市场中生存下来的最主要手段，不去竞争就会被市场所淘汰。在不断的竞争中，利益上有联系的个体将会联合在一起，不仅规避了双方的竞争，还可以在与第三方的竞争中占据优势。在中国的手机市场中，就存在着这种既合作又竞争的关系。

中国手机市场的竞争很早便已经开始，但一直到2014年时，国产手机市场的混战局面才渐渐明朗。2014年底我国手机行业中，具有影响力的品牌有：小米、联想、华为、魅族、中兴等几家企业，其他的手机品牌在中国手机市场中的影响力非常小。当然上面说的是国产品牌的手机，像苹果和三星这种国际品牌，影响力显然要更大一些。

在中国的手机市场中，小米的话题度永远是最高的，这不仅是由于小米手机出色的销售业绩，更在于雷军独特的互联网手机经营模式。对于自己的经营模式雷军显然充满了信心，他曾说："我相信，用这样的模式经过5到10年时间，小米有机会成为世界第一的智能手机。"从雷军的这句话中，不同的人有着不同的理解，有的人认为这是雷军对于自身模式的过分夸大，有的人认为雷军将目标定的有些不切实际。而在中国的其他手机厂商看来，这明显是没有把自己当回事啊！所以用户会发现，在许多国内手机品牌的发布会上，小米往往是被"黑"得最惨的那一个，而且无一例外地，大家都在"黑"小米。

其实出现这种情况也并非是由于雷军个人的言论所致，主要的原因还是在于同处于一个市场环境之中，生产着相同的产品，面对着一样的用户，而且手机这种商品，使用周期又比较长，很多时候就是今年某一品牌的手机销量高了，那么其他手机品牌的销量就肯定会降低。而恰恰自小米诞生以来，其销量就呈现出了井喷式的增长，雷军以一种颠覆者的形象带领小米突然出现在了手机市场中，并且还一把将老一辈的"饭碗"给抢走了，这也正是小米遭到同行敌视的原因。

但小米凭借自2012年以来逐年增长的出色业绩，成功地回击了同行之间的敌视，毕竟只有掌握了市场的人，才具有更多的发言权。其实从雷军的话中还可以看出一点，那就是雷军从来就没有打算将小米永远定位在中国市场。雷军从不否认自己崇拜乔布斯，所以他也希望可以像自己的偶像那样，带领小米成长为世界级的手机品牌，让"中国小米"

变成“国际小米”，这一直都是他的梦想。

但对于小米而言，超越苹果仍然是一个相对遥远的目标。想要成功追赶上苹果的步伐，就要走出中国，一步步地走向世界。

2014年，由于三星的手机业绩开始出现下滑，同时中国用户对于三星手机的质量也产生了一些怀疑。趁此机会，小米通过线上渠道的直接销售，以及对于操作系统的不断更新，使得小米成功从三星手中获得了一定的市场份额。但这一时期的三星对于中国市场依然具有一定的统治力，所以对于小米而言，还不能对这个对手掉以轻心。

到了近几年，因着各种丑闻，三星在中国市场中的地位和影响力急转直下。2016年10月，三星Note7因电池爆炸事件被大规模召回，直接导致三星损失高达170亿美元。依据市场研究机构Counterpoint提供的数据，2017年第一季度，三星在中国智能手机市场的占有率降至3.3%。犹记得2014年，三星在中国市场的份额一度高达20%。三星深陷困局，渐失中国市场话语权。与此同时，小米却稳扎稳打，有条不紊地走着自己的道路。

志当存高远，不仅仅在中国市场，即便在国际市场上，我们也能看到越来越强烈的小米旋风。2015年，小米正式试水国际市场，开始进军印度。为了打好这场“战役”，小米推出了专门针对印度市场的小米4i智能手机，尽量满足印度用户的需求。于是我们看到，在短短一年的时间里，小米的智能手机便占据了印度10.7%的市场份额。

印度市场的成功给了雷军极大的信心，在此之后的几年里，雷军将印度的经验成功地复制到俄罗斯、乌克兰等国家的市场，并且小米还将进军美国市场。

在2018年的年报中，我们可以看到小米手机的营业收入中，来自国际市场的份额已经超过4成，这充分说明了小米国际战略的成功。

不过，小米虽然在国际市场取得了一定的成绩，但也面临着国内市场风云突变的局面。以“中华酷联”（中兴、华为、酷派、联想）为代表的运营商补贴国产手机时代已经逐渐解体，一种依靠技术创新为核心动力的新的市场竞争模式开始兴起。2016年以后，中国的手机市场更加混乱了，有的手机品牌仍然在拼渠道、拼价格，而有些手机品牌则开始了核心技术的比拼。

事实证明，技术永远都是第一生产力。以华为和OPPO为代表的技术创新派在残酷的市场竞争中存活下来并不断发展，而那些依然依靠价格战的手机品牌则几近消失。小米则凭借着前几年的积累依然占据着中国手机市场的大片领土。

雷军也发现了手机市场风向的转变，而华为等对手的崛起则为小米带来了很大的压力。雷军知道现在的手机用户已经不再一味地追求所谓“高配低价”的性价比了，用户在乎的是手机中所蕴含的技术内容。对于手机要求有更高配置，这一点只有通过技术创新来实现，谁的技术更好谁就能获得更多用户的支持。

自诞生以来的快速发展，小米将过多的精力花费在了降低成本和研究销售模式上，这使得小米忽视了最为重要的核心硬件技术。虽然小米推出了自己的MIUI操作系统，在小米手机的硬件方面却并没有过多的改进，这也成为小米在市场竞争中的软肋。

但雷军向来是个敏锐的人，在察觉到了市场风向转变之后，便立即开始了行动，2016年2月24日发布的小米5让“米粉”看到了小米带来的改变，而在2017年4月28日发布的小米6也添加了更多硬件方面的改进。这种不断创新、与时俱进的产品研发精神也正是小米不断获得“米粉”追捧的重要原因。仔细想来，从诞生至今，小米的对手一直都是自己。小米在前进的道路上不断超越自己，而在完成了自我超越的同时，也将对手远远地甩在了身后。

2017年1月12日，小米公司举行了盛大的年会。小米创始人雷军颇有感触地说：“最坏的时代已经过去了。”他身后的大屏幕上，是漫画版的自己，笑容亲切自然，撸起袖子准备大干一场。颇具神韵的漫画版雷军的旁边并排写着两行话："天上不会掉馅饼，撸起袖子加油干！"

雷军坦言，前两年小米冲得过快，但最坏的时代已经过去了，新的一年里，小米要用技术创新和产品说话。

他逐一汇报了小米过去一年的成绩，在专利方面，小米全球累计专利申请总量早已突破16000项，而授权总量达到了3612项；线下零售方面，成功升级为品牌零售旗舰店的小米之家如今已开通54家；在生态链方面，去年一整年小米手机周边的生态链系统全年收入超过150亿元。尤其值得庆祝的是，小米在印度市场全年销售突破10亿美元，成功打入印度手机市场前三名，且在整个互联网收入上实现了翻番，团队规模亦在不断扩大中。

2017年，小米将聚焦黑科技、新零售、国际化、人工智能和互联网金融这五大核心战略。雷军自信满满地说，2017年小米有一个小目标，那就是整体收入破千亿元，而现在回头看过去，雷军的豪言壮语已经被实现了。

2018年后，随着三星和苹果在中国市场相继陨落，国外手机制造商已经不再对中国本土企业构成威胁。在崛起的中国手机企业中，小米依然走在前列。2019年权威机构公布的数据显示，以品牌市场占有率而言，小米已经以22%的市场份额位居中国第二位，仅次于占有率24%的华为。

小米的价值观一直是真诚和热爱。相信在往后的岁月里，小米将秉持着同样的自信与热情，一往无前地拼搏下去，不辜负所有小米"粉丝"的信任和热爱。

“雷军系”和“朋友圈”

商场如战场，不想成为众人攻击的对象，就要学会去交朋友。刻意地去结交朋友，未免显得目的性过强，但在商场中这又是每个人都必备的生存法则，所以在商业圈之中的朋友很多都需要加上引号。商场之中的尔虞我诈是每个人都需要小心提防的，正所谓“害人之心不可有，防人之心不可无”。但万事都会有例外，并不是每个人都会被商业利益所牵绊。

雷军就算是这样一个例外。雷军的朋友很多，媒体将雷军和他的朋友们称作“雷军系”。雷军并不认可外界对他和朋友们的这种称呼，他曾多次对外表示：“在所有投资的公司中，我扮演他们的朋友，主要是帮忙，我都不是实际控制人，他们只是雷军的朋友圈，而不是‘雷军系’。”雷军更喜欢用现在的另一个热词“朋友圈”来形容自己的人际关系。在雷军看来这些在商业上与自己发生联系的人并不是他的下属，他们之间有的只是一种朋友的关系。

谈到雷军“朋友圈”的由来，很多人都会提到雷军曾经做天使投资人的经历。正是从那时开始，雷军的朋友逐渐增多了起来，最终形成了现在的一个圈。即使重回金山之后，雷军依然没有放弃投资这一领域。到2017年初，雷军已经投资了大约60家公司，这些公司不仅涉及传统的教育、金融、汽车、房地产，同时也包括了智能硬件技术、企业服务、云技术和智能电视等领域。雷军曾表示小米至少要投资100家公司，这样看来，雷军的“朋友圈”还将进一步扩大。

对于雷军来说，朋友是越多越好的，这也成为他最为重要的处世哲学。在一次访谈中他曾说：“我创业比较早，最早我们是做金山软件，通过20多年的创业我觉得如果能合作尽量合作，把朋友弄得多多的，把敌人弄得少少的，我自己的人生哲学就是朋友越多越好。”在金山的创业经历让他更加感觉到了朋友的重要性，而在离开金山之后，他选择去做天使投资人，可能也正是希望通过自己能够帮助更多的创业者，而这也正是雷军“朋友圈”形成的重要原因。

并不是每一个做过天使投资人的人都能够拥有一个值得信任的“朋友圈”的。天使投资最初发源于硅谷，在这里每个天使投资人都信奉着“3F原则”：Family、Friend、Fool。这三原则指的是天使投资的来源，也就是家庭、朋友和傻瓜。前两个比较容易理解，在遇到困难的时候，朋友和家人都是我们求助的最佳对象，而说到傻瓜，其实这是一种略微夸张的说法，一般是指认可创业者梦想的天使投资人。从这里也可以看出，对于天使投资人而言，投资对象的选择并不困难，可能在投资之前你也并不可能完全了解创业者的想法，但关键就在于你是否认可这名创业者，你是否认为这个人值得投资，而不单单是他所带来的项目。

作为天使投资人的雷军很好地践行了这一原则。雷军在最开始做天使投资人时，投资对象往往仅限于朋友或者是朋友的朋友。对于雷军来说，他还是能够掌控好这两层关系的，也就是说他的前期投资大多是出于朋友层面上的信任。雷军曾说：“我投资很多项目的时候都不知道这个公司要做什么，我就是觉得这个人能干成事情，我支持他一把，这是我投资的核心理念。”这种投资方法并不是一种成熟的投资人会使用的方法，成熟的投资人会从市场和回报的角度出发去考虑问题，而不仅仅是从信任角度。

但正是雷军的这种“不成熟”的投资方式，让他积累了大量的人脉资源，也使他成为中国最成功的投资人之一。创业者不会单纯的因为收到了投资人的钱，而心甘情愿地接受投资人的指示，成为投资人的朋友。更多情况下，是信任将投资人和创业者联结在了一起，是认可和信任让创业者成为投资人的朋友。而雷军作为投资人对创业者表现出了极大的信任。

曾经担任过雷军助理的极简时代CEO杨金钰曾谈到过雷军对于创业者的信任，当时的杨金钰准备从YY出来创业，他拟定了一个叫作动拍的项目，主要内容就是将照片做成动画。在和雷军商量时，雷军认为这个项目的市场前景并不是太好，对于用户而言，刚需性并不强，但雷军依然建议他去尝试一下，在经过了两个月的尝试之后，市场的效果果然不理想。于是在雷军的帮助下，他又开始了另一个项目的探索。

雷军对于自己投资的产品都有着明确的判断，但他也并不会阻止创业者去尝试自己不看好的方向。因为在他看来，自己的产品只有自己才是最了解的，只有创始人才最懂企业。他会不断地为创始人提意见，鼓励企业去尝试。如果创始人选择的发展方向被证明是正确的，那么雷军便会进一步投资这个项目。而如果被证明这一发展方向是错误的，雷军则会建议创始人去尝试别的方向，他同样会出资支持，雷军在投资时看得最多的是人，而不仅仅是产品。

雷军投资看人的最主要表现就是对于投资企业的“不管不顾”，他不会事先去调查自己投资企业的背景经历。雷军的第一个想法是每个人都是好人，然后在日后的合作中再去仔细了解别人，遇到自己看错人的情况，雷军就果断放弃合作，正是这样一步步地筛选之后，雷军的“朋友圈”中剩下的大多都是好人了。

在与创业者的合作中雷军一直坚持着“帮忙，不添乱”的原则，雷军喜欢用比较宽松的条款去约束合作双方的关系，不像其他投资人一样，虽然给了创业者资金，却将创业者的双手束缚起来。雷军认为投资人在与创业者的合作中吃一点亏并没有什么不好，这样至少可以换来一个相对和睦的合作关系。

大多数人认为雷军是通过投资行为来不断布局小米的生态圈，因此便有了“雷军系”的说法。雷军并不否认自己的投资行为是为了构建小米的完整生态圈而做的努力，但他一直反对“雷军系”这一说法，在他看来这种称呼曲解了他与合作伙伴之间的关系。在雷军的眼中，那些自己合作过的人，都是他的朋友，而他更喜欢称这一群体为自己的“朋友圈”。

雷军对未来的展望：中国所有国货都将崛起

对于未来，雷军曾做过许多的预测，这是他基于当时的社会大环境，结合了自己的创业经验而得出的。雷军的创业经历是十分丰富的，他历经金山软件、卓越网、天使投资、小米科技，通过多年的创业实践，雷军看到了中国社会的逐步发展，中国的互联网市场也不断进化。他知道只有了解市场发展趋势的人才能够在最终的市场竞争中占据有利的地位，不懂得着眼于未来的人将会在未来失去生存的机会。

在刚刚成立小米之时，雷军便为小米做出了清晰的规划。关于小米的诞生，很多人疑惑：小米科技的“小米”是不是我们日常生活之中食用的那种小米？没错！雷军的小米就是我们经常会吃到的小米。在雷军的著名理论中，“小米加步枪”是小米的精神所在，他希望小米人能够拥有这种顽强不屈的精神，这样才能够承受住未来的困难和挑战。

在小米诞生的初期，国内市场的手机生产商大多采用“机海战术”的方式频繁地轰炸目标受众，他们认为只有生产出更多不同型号的机型才能够满足更多用户的需求。这一观点看上去并没有什么问题，但关键就在于这种观点是有保质期的。小米成立之后，雷军觉得在未来的手机市场之中，年轻人将成为使用手机的主要群体，而年轻人对于手机的需求又有着特别的喜好。因此雷军大胆地将小米手机定位在“低价高配”、注重用户体验的层面之上，小米追求的是极致的性能体验。也正因为如此，小米日后生产的每一部手机都成为中国手机市场之中的爆款产品。

不得不说对于未来的准确预测，是雷军商业成功的重要因素。但单纯的预测未来并不能为企业带来商业上的成功，所以关键还是要看一个企业选择用何种方式去应对未来。

在2010年全球互联网大会上，作为UCWEB董事长和天使投资人的雷军针对互联网产业的未来发展进行了演讲。雷军认为移动互联网将成为整个互联网产业新的未来，但对于即将到来的一切谁都无法给出准确的答案，原有的产业规律不断被打破，互联网行业的巨头地位也开始动摇，接下来的时代将是一个充满动荡的时代，同时也将是一个最好的时代。

在移动互联网时代到来之前，雷军便带领小米开始了深层次的市场开发。除了在手机的核心技术方面进行探索外，还提出了一种更为前卫的观点，他认为在移动互联网时代中移动设备将逐渐取代电脑，承担起满足用户IT需求的任务，在雷军看来iPad的出现就是最好的证明。在此之后，雷军也开始对于小米手机自身系统的研发，他希望小米手机能够在新的时代中迸发出新的生命力来。

随后便有了小米在2011年的上市，在刚刚上市两个月后，小米的市值就变成了5.5亿元人民币，2012年时这个数字上升为126亿元人民币，2013年则变成了330亿元人民币，小米正在以惊人的速度向前发展。而能够取得这样的发展成绩，与雷军的先手布局是分不开的，通过对于未来的预测，他敏锐地抓住市场需求的关键点，然后在技术创新和营销宣传的基础上，最终达成这一创举。

2014年11月2日，雷军在“我看未来20年”的公益演讲中表达了自己对于小米未来发展的展望。雷军表示，在2013年初，小米就已经开始了对外投资的工作，小米希望通过扶持100家左右的企业，帮助他们一起成长，一起在中国做大，并且共同走向世界，雷军认为在这100家企业中，至少会出现20家各行业的世界第一。

雷军还谈到了小米创立之初的梦想，他说道：“在今年7月份，我们讲到当初创办小米时的梦想，这个梦想四年前还不敢讲。我们的梦想是什么呢？我们的梦想就是“星辰大海”——我们要把全球看成我们的市场，我们希望带动中国企业在各自的领域成为世界第一，这就是我们的目标。”谁都不会想到雷军的小米仅用了三年时间便成为手机行业世界前三，这让雷军对小米的未来充满了信心，也更加坚定了小米走向世界的决心。

在雷军看来小米成功的关键就是通过用互联网思维改造传统产业，来促进传统产业的转型升级。而小米模式的核心就是在于货真价实。小米的产品采用的都是国际先进的硬件设备，在保证正品安全的前提下，再推向市场。因为节省了许多中间环节，所以小米的产品才能够始终保持低价销售的模式。中国市场并不缺少产品，但缺少好产品，尤其是缺少又好又便宜的产品，小米的产品正是为了弥补这一缺陷产生的，而市场的反应也证明了雷军的想法。

随着移动互联网的迅猛发展，移动互联网时代迎来了一派繁荣的景象，而这时的雷军已经开始了下一步的准备，没有人想到移动互联网时代能够发展得如此之快，也如此之短，但有远见的人都已经看到了未来。

2017年，雷军再次展望中国互联网领域的未来，他在一次公开演讲中高声呐喊：再过十年、二十年，中国所有的国货都将崛起。

对于未来的创业者，雷军认为有三个大的行业趋势可供选择。首先，雷军认为农村互联网产业存在着巨大的潜力。在雷军看来，农村互联网主要存在两大机会。一个是城市的农产品销售，如何帮助农民，另一个则是农民自身的消费。他认为农村将直接过渡到移动互联网时代，在这个过程中将产生许多的机会，所以从每一个角度都能够看出未来十年的农村互联网将会取得极大的发展。

而第二个方向便是企业级服务市场广阔，前景乐观。雷军早就已经开始关注企业级市场了，但由于当时的智能终端并没有发展起来，所以对于企业级市场的探索便一直没有开始。随着智能技术的发展，现在的许多企业都在用软件来管理公司业务，这个市场蕴含着十分巨大的潜力。

第三个方向便是智能硬件的研发。雷军对于智能硬件产业是十分关注的，这也是小米智能家居生态圈的重要组成部分。雷军曾说："智能硬件和物联网会是5到10年之后主力的方向，这一点跟过去谈物联网不一样。过去的物联网通过电脑端控制，现在则可以通过手机来控制，这样才会让我们的生活变得越来越美好。物联网第一阶段还没有走完，现在真正的智能硬件应用量还比较低，其中存在着无限的空间和可能性。"

这些在未来具有潜力的产业也正是小米生态布局的重要领域。对于小米的未来，雷军充满了信心。他坚信小米将成为能够代表中国的世界级品牌。在雷军的带领下，小米会变得更强，最终代表中国，走向世界。